OECD/G20 Projekt Gewinnverkürzung und Gewinnverlagerung

AF747287

Steuerliche Herausforderungen der Digitalisierung der Wirtschaft – GloBE-Mustervorschriften (Säule 2)

INCLUSIVE FRAMEWORK ON BEPS

OECD
BESSERE POLITIK FÜR EIN BESSERES LEBEN

Dieses Dokument sowie die darin enthaltenen Daten und Karten berühren weder den völkerrechtlichen Status von Territorien noch die Souveränität über Territorien, den Verlauf internationaler Grenzen und Grenzlinien sowie den Namen von Territorien, Städten oder Gebieten.

Bitte zitieren Sie diese Publikation wie folgt:
OECD (2023), *Steuerliche Herausforderungen der Digitalisierung der Wirtschaft – GloBE-Mustervorschriften (Säule 2): Inclusive Framework on BEPS*, OECD/G20 Projekt Gewinnverkürzung und Gewinnverlagerung, OECD Publishing, Paris, https://doi.org/10.1787/27dfde7e-de.

ISBN 978-92-64-41093-0 (Print)
ISBN 978-92-64-63351-3 (PDF)

OECD/G20 Projekt Gewinnverkürzung und Gewinnverlagerung
ISSN 2517-9462 (Print)
ISSN 2517-9470 (Online)

Überarbeitete deutsche Übersetzung, Oktober 2023
Einzelheiten zur Überarbeitung finden Sie unter: https://www.oecd.org/about/publishing/Corrigendum_Steuerliche-Herausforderungen-der-Digitalisierung-der-Wirtschaft-GloBE-Mustervorschriften-Saule2.pdf

Originaltitel: OECD (2021), *Tax Challenges Arising from Digitalisation of the Economy – Global Anti-Base Erosion Model Rules (Pillar Two): Inclusive Framework on BEPS*, OECD/G20 Base Erosion and Profit Shifting Project, OECD Publishing, Paris, https://doi.org/10.1787/782bac33-en.
Übersetzung durch den Deutschen Übersetzungsdienst der OECD.

Foto(s): Deckblatt © ninog-Fotolia.com.

© OECD 2023

Die Verwendung dieser Arbeiten, sei es in digitaler oder gedruckter Form, unterliegt den Nutzungsbedingungen unter: https://www.oecd.org/termsandconditions.

Vorwort

Digitalisierung und Globalisierung haben tiefgreifende Auswirkungen auf das Wirtschaftsgeschehen und das Leben der Menschen in aller Welt, und diese Entwicklung hat sich seit dem Beginn des 21. Jahrhunderts zunehmend beschleunigt. Daraus ergeben sich Herausforderungen für die internationale Unternehmensbesteuerung, deren Regeln über hundert Jahre lang weitgehend unverändert geblieben waren. Zugleich sind Möglichkeiten zur Gewinnverkürzung und Gewinnverlagerung (*Base Erosion and Profit Shifting* – BEPS) entstanden. Daher sind mutige Schritte seitens der politisch Verantwortlichen erforderlich, um das Vertrauen in das internationale Steuersystem wiederherzustellen und zu gewährleisten, dass Gewinne dort besteuert werden, wo die wirtschaftlichen Aktivitäten ausgeübt werden und die Wertschöpfung stattfindet.

2013 verstärkte die OECD ihre Anstrengungen zur Bewältigung dieser Herausforderungen, um auf die wachsende Besorgnis von Öffentlichkeit und Politik über Steuervermeidung durch multinationale Unternehmen zu reagieren. Gemeinsam mit der G20 verabschiedete sie im September 2013 einen Aktionsplan gegen Gewinnverkürzung und Gewinnverlagerung (BEPS-Aktionsplan). Dieser Plan umfasste 15 Aktionspunkte mit folgenden Zielen: Gewährleistung der Kohärenz von innerstaatlichen Vorschriften mit Auswirkungen auf grenzüberschreitende Tätigkeiten, Stärkung der Substanzanforderungen in den bestehenden internationalen Standards und Erhöhung der Transparenz sowie der Planungssicherheit.

Zwei Jahre später wurden die zu den 15 Aktionspunkten erarbeiteten Maßnahmen – die z. T. bereits 2014 in Zwischenberichten veröffentlicht worden waren – zu einem umfassenden Paket zusammengefasst, das den Staats- und Regierungsspitzen der G20 im November 2015 vorgelegt wurde. Das BEPS-Maßnahmenpaket stellte die erste wesentliche Überarbeitung der internationalen Steuerregeln seit fast einem Jahrhundert dar. Wenn die BEPS-Maßnahmen umgesetzt sind, werden die Gewinne dort versteuert werden, wo die Wirtschaftstätigkeiten ausgeübt werden, mit denen sie erzielt wurden, und wo die Wertschöpfung stattfindet. Steuerplanungsstrategien zur Gewinnverkürzung und Gewinnverlagerung, die veraltete Regeln oder unzureichend koordinierte innerstaatliche Maßnahmen ausnutzen, werden damit wirkungslos werden.

Die OECD- und G20-Staaten beschlossen zudem, ihre Zusammenarbeit fortzusetzen, um eine einheitliche und koordinierte Umsetzung der BEPS-Empfehlungen zu gewährleisten und mehr Staaten in das Projekt einzubeziehen. Zu diesem Zweck richteten sie das Inclusive Framework on BEPS ein, das allen interessierten und engagierten Staaten und Gebieten eine gleichberechtigte Mitwirkung im OECD-Steuerausschuss und in seinen Nebenorganen ermöglicht. Das Inclusive Framework, das inzwischen über 140 Mitglieder zählt, begleitet und prüft die Umsetzung der vereinbarten Mindeststandards und führt die Standardsetzungsarbeit zu BEPS-Fragen fort. Neben seinen Mitgliedern wirken auch andere internationale Organisationen und regionale Steuerorgane an der Arbeit des Inclusive Framework mit. Außerdem berät sich das Inclusive Framework mit Wirtschaft und Zivilgesellschaft über seine verschiedenen Arbeitsstränge.

Die Umsetzung des BEPS-Maßnahmenpakets verändert die internationale Steuerlandschaft radikal und macht die Steuersysteme gerechter. Ein entscheidender Punkt war bislang jedoch ungelöst geblieben, nämlich die Frage der steuerlichen Herausforderungen, die sich aus der Digitalisierung der Wirtschaft ergeben. Ein großer Schritt hin zur Bewältigung dieser Herausforderungen wurde am 8. Oktober 2021 getan, als über 135 Mitglieder des Inclusive Framework – die zusammen mehr als 95 % der weltweiten Wirtschaftsleistung erbringen – einem Zwei-Säulen-Konzept zur Reform der internationalen Steuerregeln zustimmten. Mit diesem Konzept soll sichergestellt werden, dass multinationale Unternehmen in der digitalisierten und globalisierten Wirtschaft von heute einen gerechten Beitrag zum Steueraufkommen leisten, ganz gleich, wo sie tätig sind und ihre Gewinne erzielen. Die neuen Regeln sollen 2023 umgesetzt werden.

Dieser Bericht wurde am 14. Dezember 2021 vom Inclusive Framework on BEPS gebilligt und vom OECD-Sekretariat für die Veröffentlichung vorbereitet.

Inhaltsverzeichnis

Abkürzungen

CFC	Controlled Foreign Company (beherrschtes ausländisches Unternehmen)
GloBE	Global Anti-Base Erosion (weltweite Bekämpfung der Gewinnverkürzung und Gewinnverlagerung)
IFRS	International Financial Reporting Standards (internationale Rechnungslegungsstandards)
IIR	Income Inclusion Rule (Primärergänzungssteuerregelung – PER)
OECD	Organisation für wirtschaftliche Zusammenarbeit und Entwicklung
UTPR	Undertaxed Profit Rule (Sekundärergänzungssteuerregelung – SER)

Zusammenfassung

Die Global Anti-Base Erosion Rules bzw. GloBE-Vorschriften zur weltweiten Bekämpfung von Gewinnverkürzung und Gewinnverlagerung ermöglichen ein koordiniertes Besteuerungssystem, das sicherstellen soll, dass große multinationale Unternehmensgruppen in jedem Steuerhoheitsgebiet, in dem sie tätig sind, ein Mindestmaß an Steuern auf die dort erzielten Gewinne zahlen. Dazu wird auf die in einem Steuerhoheitsgebiet erzielten Gewinne eine Ergänzungssteuer erhoben, wenn der für dieses Gebiet ermittelte effektive Steuersatz unter dem Mindestsatz liegt.

- In Kapitel 1 ist der Anwendungsbereich der GloBE-Vorschriften festgelegt.
- Kapitel 2 regelt, welche Geschäftseinheiten der Unternehmensgruppe die Ergänzungssteuer gegebenenfalls zahlen müssen und welcher Anteil an dieser Ergänzungssteuer bei ihnen jeweils erhoben wird.
- In Kapitel 3 und 4 sind die Elemente der Berechnung des effektiven Steuersatzes nach den GloBE-Vorschriften dargelegt. In Kapitel 3 wird erläutert, wie der Gewinn (oder Verlust) der einzelnen Geschäftseinheiten der multinationalen Unternehmensgruppe für den Zeitraum ermittelt wird; Kapitel 4 befasst sich dann mit den Steuern, die auf diesen Gewinn anfallen.
- In Kapitel 5 werden die Gewinne und die Steuern aller Geschäftseinheiten, die in ein und demselben Steuerhoheitsgebiet belegen sind, jeweils zusammengerechnet, um den effektiven Steuersatz für dieses Steuerhoheitsgebiet zu bestimmen. Liegt der effektive Steuersatz unter dem Mindestsatz, wird ausgehend von der Differenz ein Ergänzungssteuersatz ermittelt, der auf den im jeweiligen Steuerhoheitsgebiet erzielten Gewinn angewandt wird, um den Gesamtbetrag der Ergänzungssteuer zu ermitteln. Diese Ergänzungssteuer wird dann anteilig auf die Geschäftseinheiten aufgeteilt, die in diesem Steuerhoheitsgebiet belegen sind, und bei den Geschäftseinheiten erhoben, die sie gegebenenfalls gemäß Kapitel 2 entrichten müssen. Kapitel 5 sieht zudem einen substanzbasierten Freibetrag vor, der wahlweise in Anspruch genommen werden kann und durch den sich der Gewinnbetrag verringern kann, der gegebenenfalls der Ergänzungssteuer unterliegt.
- Kapitel 6 enthält Regeln in Bezug auf Übernahmen, Veräußerungen und Joint Ventures.
- Kapitel 7 befasst sich mit der Anwendung der GloBE-Vorschriften auf bestimmte Steuerneutralitäts- und sonstige Ausschüttungssteuerregelungen.
- Kapitel 8 behandelt administrative Aspekte der GloBE-Vorschriften wie Erklärungspflichten sowie die Anwendung etwaiger Safe-Harbour-Regelungen.
- In Kapitel 9 sind bestimmte Übergangsregeln festgelegt.
- In Kapitel 10 werden die in den GloBE-Vorschriften verwendeten Begriffe definiert.

Nach den GloBE-Vorschriften wird ein Mindeststeuersatz auf Gebietsebene angewandt. In diesem Zusammenhang kam das Inclusive Framework on BEPS von OECD und G20 in seiner Erklärung vom 8. Oktober 2021 überein, die Bedingungen des Nebeneinanders der Regeln des GILTI-Systems der Vereinigten Staaten und der GloBE-Vorschriften zu untersuchen, um gleiche Wettbewerbsbedingungen zu gewährleisten.

1 Anwendungsbereich

Funktionsweise der Vorschriften in diesem Kapitel

Kapitel 1 definiert den Anwendungsbereich der Vorschriften.

- Artikel 1.1 bestimmt, welche multinationalen Unternehmensgruppen und solchen Gruppen angehörende Einheiten den GloBE-Vorschriften unterliegen.
- Die Artikel 1.2 bis 1.4 enthalten Definitionen von Schlüsselbegriffen, anhand derer bestimmt wird, wann eine oder mehrere Einheiten eine Unternehmensgruppe darstellen und wann diese Gruppe als multinationale Unternehmensgruppe gilt.
- In Artikel 1.5 ist festgelegt, welche Einheiten freigestellte Einheiten sind, die somit nicht in den Anwendungsbereich der GloBE-Vorschriften fallen.

Artikel 1.1. Anwendungsbereich der GloBE-Vorschriften

1.1.1. Die GloBE-Vorschriften gelten für Geschäftseinheiten, die einer multinationalen Unternehmensgruppe angehören, welche im Konzernabschluss der obersten Muttergesellschaft in mindestens zwei der vier Geschäftsjahre, die dem untersuchten Geschäftsjahr unmittelbar vorangegangen sind, einen jährlichen Umsatzerlös von mindestens 750 Mio. EUR ausgewiesen hat. Artikel 6.1 enthält weitere Vorschriften, die die Anwendung des Schwellenwerts für den konsolidierten Umsatzerlös in bestimmten Fällen modifizieren.

1.1.2. Erstreckt sich eines oder mehrere der für die Zwecke von Artikel 1.1.1 berücksichtigten Geschäftsjahre der multinationalen Unternehmensgruppe über einen anderen Zeitraum als 12 Monate, wird der Schwellenwert von 750 Mio. EUR für jedes dieser Geschäftsjahre entsprechend der Dauer des betreffenden Geschäftsjahrs proportional angepasst.

1.1.3. Einheiten, bei denen es sich um freigestellte Einheiten handelt, unterliegen nicht den GloBE-Vorschriften.

Artikel 1.2. Multinationale Unternehmensgruppe und Unternehmensgruppe

1.2.1. „Multinationale Unternehmensgruppe“ bedeutet jede Unternehmensgruppe, die mindestens eine Einheit oder Betriebsstätte umfasst, die nicht im Steuerhoheitsgebiet der obersten Muttergesellschaft belegen ist.

1.2.2. „Unternehmensgruppe“ bedeutet eine Gruppe von Einheiten, die über Beteiligungs- oder Kontrollverhältnisse so miteinander verbunden sind, dass die Vermögenswerte, Verbindlichkeiten, Erträge, Aufwendungen und Cashflows dieser Einheiten

a) im Konzernabschluss der obersten Muttergesellschaft berücksichtigt sind oder

b) nur aus Größen- oder Wesentlichkeitsgründen oder nur deshalb, weil die betreffende Einheit zu Veräußerungszwecken gehalten wird, nicht im Konzernabschluss der obersten Muttergesellschaft berücksichtigt sind.

1.2.3. „Unternehmensgruppe" bedeutet auch eine in einem Steuerhoheitsgebiet belegene Einheit, die über eine oder mehrere Betriebsstätten in anderen Steuerhoheitsgebieten verfügt, vorausgesetzt, diese Einheit ist nicht Teil einer anderen Unternehmensgruppe im Sinne von Artikel 1.2.2.

Artikel 1.3. Geschäftseinheit

1.3.1. Eine Geschäftseinheit ist

a) eine Einheit, die einer Unternehmensgruppe angehört, oder

b) eine Betriebsstätte eines Stammhauses, das eine Einheit im Sinne von Buchstabe a ist.

1.3.2. Eine Betriebsstätte, bei der es sich um eine Geschäftseinheit nach Buchstabe b handelt, wird so behandelt, als wäre sie gegenüber dem Stammhaus und etwaigen anderen Betriebsstätten dieses Stammhauses selbstständig.

1.3.3. Nicht als Geschäftseinheit gilt eine Einheit, bei der es sich um eine freigestellte Einheit handelt.

Artikel 1.4. Oberste Muttergesellschaft

1.4.1. „Oberste Muttergesellschaft" bedeutet entweder

a) eine Einheit, die

   i. direkt oder indirekt eine Kontrollbeteiligung an einer anderen Einheit hält und

   ii. nicht direkt oder indirekt über eine Kontrollbeteiligung im Eigentum einer anderen Einheit steht oder

b) das Stammhaus einer Unternehmensgruppe im Sinne von Artikel 1.2.3.

Artikel 1.5. Freigestellte Einheit

1.5.1. Eine „freigestellte Einheit" ist eine Einheit, die

a) eine staatliche Einheit,

b) eine internationale Organisation,

c) eine Organisation ohne Erwerbszweck,

d) ein Pensionsfonds,

e) ein Investmentfonds, bei dem es sich um eine oberste Muttergesellschaft handelt, oder

f) ein Immobilieninvestmentvehikel, bei dem es sich um eine oberste Muttergesellschaft handelt, ist.

1.5.2. Eine „freigestellte Einheit“ ist außerdem eine Einheit,

a) die zu mindestens 95 % ihres Werts (direkt oder über eine Kette freigestellter Einheiten) im Eigentum einer oder mehrerer freigestellter Einheiten im Sinne von Artikel 1.5.1 steht (bei denen es sich nicht um Altersvorsorge-Dienstleistungsgesellschaften handelt) und die

   i. ausschließlich oder fast ausschließlich dazu dient, für die freigestellte(n) Einheit(en) Vermögenswerte zu halten oder Gelder anzulegen, oder

   ii. nur Tätigkeiten ausübt, die die von der bzw. den freigestellten Einheit(en) ausgeübten Tätigkeiten ergänzen, oder

b) die zu mindestens 85 % ihres Werts (direkt oder über eine Kette freigestellter Einheiten) im Eigentum einer oder mehrerer freigestellter Einheiten im Sinne von Artikel 1.5.1 steht (bei denen es sich nicht um Altersvorsorge-Dienstleistungsgesellschaften handelt), vorausgesetzt, im Wesentlichen alle Erträge der Einheit bestehen aus ausgenommenen Dividenden oder ausgenommenen Eigenkapitalgewinnen oder -verlusten, die gemäß Artikel 3.2.1 Buchstabe b oder c von der Berechnung des GloBE-Gewinns oder -Verlusts ausgenommen sind.

1.5.3. Eine erklärungspflichtige Geschäftseinheit hat das Wahlrecht, eine Einheit nicht als freigestellte Einheit nach Artikel 1.5.2 zu behandeln. Bei diesem Wahlrecht handelt es sich um ein Fünfjahreswahlrecht.

2 Festsetzungsregeln

Funktionsweise der Vorschriften in diesem Kapitel

In diesem Kapitel wird der Betrag der Ergänzungssteuer ermittelt, der bei einer Muttergesellschaft oder bei den in einem UTPR-Steuerhoheitsgebiet belegenen Geschäftseinheiten erhoben wird, indem

- die nach den Regeln von Kapitel 5 ermittelte Ergänzungssteuer jeder niedrig besteuerten Geschäftseinheit im Rahmen der IIR gemäß den Artikeln 2.1 bis 2.3 der Muttergesellschaft zugerechnet wird und dann
- die gegebenenfalls verbleibende Ergänzungssteuer gemäß den Artikeln 2.4 bis 2.6 den UTPR-Steuerhoheitsgebieten zugerechnet wird.

Artikel 2.1. Anwendung der IIR

2.1.1. Eine in [Namen des umsetzenden Steuerhoheitsgebiets einfügen] belegene Geschäftseinheit, die die oberste Muttergesellschaft einer multinationalen Unternehmensgruppe ist und die zu irgendeiner Zeit während des Geschäftsjahrs (direkt oder indirekt) eine Beteiligung an einer niedrig besteuerten Geschäftseinheit hält, zahlt für das betreffende Geschäftsjahr eine Steuer in Höhe des ihr zuzurechnenden Anteils an der Ergänzungssteuer dieser niedrig besteuerten Geschäftseinheit.

2.1.2. Eine zwischengeschaltete Muttergesellschaft einer multinationalen Unternehmensgruppe, die in [Namen des umsetzenden Steuerhoheitsgebiets einfügen] belegen ist und zu irgendeiner Zeit während eines Geschäftsjahrs (direkt oder indirekt) eine Beteiligung an einer niedrig besteuerten Geschäftseinheit hält, zahlt für das betreffende Geschäftsjahr eine Steuer in Höhe des ihr zuzurechnenden Anteils an der Ergänzungssteuer dieser niedrig besteuerten Geschäftseinheit.

2.1.3. Artikel 2.1.2 gilt nicht, falls

a) die oberste Muttergesellschaft der multinationalen Unternehmensgruppe verpflichtet ist, für das betreffende Geschäftsjahr eine anerkannte IIR anzuwenden, oder

b) eine andere zwischengeschaltete Muttergesellschaft, die (direkt oder indirekt) eine Kontrollbeteiligung an der zwischengeschalteten Muttergesellschaft hält, verpflichtet ist, für das betreffende Geschäftsjahr eine anerkannte IIR anzuwenden.

2.1.4. Ungeachtet der Artikel 2.1.1 bis 2.1.3 zahlt eine in Teileigentum stehende Muttergesellschaft, die in [Namen des umsetzenden Steuerhoheitsgebiets einfügen] belegen ist und die zu irgendeiner Zeit während des Geschäftsjahrs (direkt oder indirekt) eine Beteiligung an einer niedrig besteuerten Geschäftseinheit hält, eine Steuer in Höhe des ihr zuzurechnenden Anteils an der Ergänzungssteuer dieser niedrig besteuerten Geschäftseinheit für das betreffende Geschäftsjahr.

2.1.5. Artikel 2.1.4 gilt nicht, falls sich die in Teileigentum stehende Muttergesellschaft (direkt oder indirekt) vollständig im Eigentum einer anderen in Teileigentum stehenden Muttergesellschaft befindet, die verpflichtet ist, eine anerkannte IIR für das betreffende Geschäftsjahr anzuwenden.

2.1.6. Eine Muttergesellschaft, die in [Namen des umsetzenden Steuerhoheitsgebiets einfügen] belegen ist, wendet die Artikel 2.1.1 bis 2.1.5 in Bezug auf eine niedrig besteuerte Geschäftseinheit an, die nicht in [Namen des umsetzenden Steuerhoheitsgebiets einfügen] belegen ist.

Artikel 2.2. Zurechnung der Ergänzungssteuer im Rahmen der IIR

2.2.1. Der einer Muttergesellschaft zuzurechnende Anteil an der Ergänzungssteuer einer niedrig besteuerten Geschäftseinheit entspricht dem Betrag der nach Kapitel 5 berechneten Ergänzungssteuer der niedrig besteuerten Geschäftseinheit, multipliziert mit dem Einbeziehungsquotienten der Muttergesellschaft für die niedrig besteuerte Geschäftseinheit für das Geschäftsjahr.

2.2.2. Der Einbeziehungsquotient der Muttergesellschaft für eine niedrig besteuerte Geschäftseinheit für ein Geschäftsjahr ist das Verhältnis zwischen a) dem GloBE-Gewinn der niedrig besteuerten Geschäftseinheit für das Geschäftsjahr, abzüglich des Betrags dieses Gewinns, der auf Beteiligungen anderer Beteiligter der Geschäftseinheit entfällt, und b) dem GloBE-Gewinn der niedrig besteuerten Geschäftseinheit für das Geschäftsjahr.

2.2.3. Bei dem Betrag des GloBE-Gewinns, der auf Beteiligungen anderer Beteiligter einer niedrig besteuerten Geschäftseinheit entfällt, handelt es sich um den Betrag, der diesen Beteiligten nach dem für den Konzernabschluss der obersten Muttergesellschaft verwendeten anerkannten Rechnungslegungsstandard zuzurechnen wäre, wenn der Jahresüberschuss der niedrig besteuerten Geschäftseinheit ihrem GloBE-Gewinn entspräche und

a) die Muttergesellschaft einen Konzernabschluss nach diesem Rechnungslegungsstandard erstellt hätte (hypothetischer Konzernabschluss),

b) die Muttergesellschaft über eine Kontrollbeteiligung an der niedrig besteuerten Geschäftseinheit verfügen würde, sodass sämtliche Erträge und Aufwendungen der niedrig besteuerten Geschäftseinheit Posten für Posten mit denen der Muttergesellschaft im hypothetischen Konzernabschluss konsolidiert würden,

c) der gesamte GloBE-Gewinn der niedrig besteuerten Geschäftseinheit Geschäftsvorfällen mit Personen zuzuschreiben wäre, die nicht der Unternehmensgruppe angehören, und

d) sämtliche nicht (direkt oder indirekt) von der Muttergesellschaft gehaltenen Beteiligungen von Personen gehalten würden, die nicht der Unternehmensgruppe angehören.

2.2.4. Im Fall einer transparenten Gesellschaft umfasst der GloBE-Gewinn im Sinne dieses Artikels keine Gewinne, die nach Artikel 3.5.3 einem Beteiligten zuzurechnen sind, der nicht der Unternehmensgruppe angehört.

Artikel 2.3. IIR-Ausgleichsmechanismus

2.3.1. Eine Muttergesellschaft, die indirekt, über eine zwischengeschaltete Muttergesellschaft oder eine in Teileigentum stehende Muttergesellschaft, welche keinen Anspruch auf eine Ausnahme von der IIR nach Artikel 2.1.3 oder 2.1.5 hat, eine Beteiligung an einer niedrig besteuerten

Geschäftseinheit hält, kürzt den ihr zuzurechnenden Anteil an einer Ergänzungssteuer der niedrig besteuerten Geschäftseinheit gemäß Artikel 2.3.2.

2.3.2. Der Betrag der in Artikel 2.3.1 vorgesehenen Kürzung entspricht dem Teil des der Muttergesellschaft zuzurechnenden Anteils an der Ergänzungssteuer, der gemäß einer anerkannten IIR von der zwischengeschalteten Muttergesellschaft oder der in Teileigentum stehenden Muttergesellschaft zu entrichten ist.

Artikel 2.4. Anwendung der UTPR

2.4.1. Geschäftseinheiten einer multinationalen Unternehmensgruppe, die in [Namen des umsetzenden Steuerhoheitsgebiets einfügen] belegen sind, wird ein Betriebsausgabenabzug in einer Höhe versagt (oder eine gleichwertige Berichtigung nach innerstaatlichem Recht in einer Höhe auferlegt), die bewirkt, dass diesen Geschäftseinheiten ein zusätzlicher zahlungswirksamer Steueraufwand entsteht, der dem UTPR-Ergänzungssteuerbetrag für das betreffende Geschäftsjahr entspricht, der [Namen des umsetzenden Steuerhoheitsgebiets einfügen] zuzurechnen ist.

2.4.2. Die in Artikel 2.4.1 vorgesehene Anpassung ist soweit möglich in Bezug auf das Veranlagungsjahr vorzunehmen, in dem das Geschäftsjahr endet. Wenn diese Anpassung nicht ausreicht, um einen zusätzlichen zahlungswirksamen Steueraufwand für dieses Veranlagungsjahr zu verursachen, der dem UTPR-Ergänzungssteuerbetrag entspricht, der [Namen des umsetzenden Steuerhoheitsgebiets einfügen] für das betreffende Geschäftsjahr zugerechnet wurde, wird der Differenzbetrag soweit nötig in die folgenden Geschäftsjahre vorgetragen und unterliegt soweit möglich für jedes Veranlagungsjahr der in Artikel 2.4.1 vorgesehenen Anpassung.

2.4.3. Artikel 2.4.1 gilt nicht für eine Geschäftseinheit, bei der es sich um eine Investmentgesellschaft handelt.

Artikel 2.5. Betrag der UTPR-Ergänzungssteuer

2.5.1. Der Gesamtbetrag der UTPR-Ergänzungssteuer für ein Geschäftsjahr entspricht der Summe der (gemäß Artikel 5.2) für jede niedrig besteuerte Geschäftseinheit einer multinationalen Unternehmensgruppe für dieses Geschäftsjahr berechneten Ergänzungssteuern nach Vornahme der in diesem Artikel 2.5 sowie Artikel 9.3 aufgeführten Anpassungen.

2.5.2. Die für eine niedrig besteuerte Geschäftseinheit errechnete Ergänzungssteuer, die ansonsten nach Artikel 2.5.1 zu berücksichtigen ist, verringert sich auf null, wenn sämtliche Beteiligungen der obersten Muttergesellschaft an dieser niedrig besteuerten Geschäftseinheit direkt oder indirekt von einer oder mehreren Muttergesellschaften gehalten werden, die in dem Steuerhoheitsgebiet, in dem sie belegen sind, für das Geschäftsjahr in Bezug auf diese niedrig besteuerte Geschäftseinheit einer anerkannten IIR unterliegen.

2.5.3. Findet Artikel 2.5.2 keine Anwendung, so verringert sich die für eine niedrig besteuerte Geschäftseinheit errechnete Ergänzungssteuer, die ansonsten nach Artikel 2.5.1 zu berücksichtigen ist, um den einer Muttergesellschaft zuzurechnenden Anteil an der Ergänzungssteuer dieser niedrig besteuerten Geschäftseinheit, der nach einer anerkannten IIR von dieser Muttergesellschaft zu entrichten ist.

Artikel 2.6. Zurechnung der Ergänzungssteuer für die Zwecke der UTPR

2.6.1. Vorbehaltlich der Artikel 2.6.2 und 2.6.3 wird der [Namen des umsetzenden Steuerhoheitsgebiets einfügen] zuzurechnende UTPR-Ergänzungssteuerbetrag bestimmt, indem der nach Artikel 2.5.1 ermittelte Gesamtbetrag der UTPR-Ergänzungssteuer mit dem UTPR-Prozentsatz von [Namen des umsetzenden Steuerhoheitsgebiets einfügen] multipliziert wird. Der UTPR-Prozentsatz von [Namen des umsetzenden Steuerhoheitsgebiets einfügen] wird in jedem Geschäftsjahr für jede multinationale Unternehmensgruppe wie folgt ermittelt:

$$50\,\%\,x\,\frac{\text{Zahl der Beschäftigten im Steuerhoheitsgebiet}}{\text{Zahl der Beschäftigten in allen UTPR-Steuerhoheitsgebieten}}+50\,\%\,x\,\frac{\text{Gesamtwert der materiellen Vermögenswerte im Steuerhoheitsgebiet}}{\text{Gesamtwert der materiellen Vermögenswerte in allen UTPR-Steuerhoheitsgebieten}}$$

wobei für jedes Geschäftsjahr

a) die Zahl der Beschäftigten im Steuerhoheitsgebiet die Gesamtzahl der Beschäftigten aller in [Namen des umsetzenden Steuerhoheitsgebiets einfügen] belegenen Geschäftseinheiten der multinationalen Unternehmensgruppe ist;

b) die Zahl der Beschäftigten in allen UTPR-Steuerhoheitsgebieten die Gesamtzahl der Beschäftigten aller Geschäftseinheiten der multinationalen Unternehmensgruppe ist, die in einem Steuerhoheitsgebiet belegen sind, in dem für das Geschäftsjahr eine anerkannte UTPR in Kraft ist;

c) der Gesamtwert der materiellen Vermögenswerte in [Namen des umsetzenden Steuerhoheitsgebiets einfügen] die Summe des Nettobuchwerts der materiellen Vermögenswerte aller in [Namen des umsetzenden Steuerhoheitsgebiets einfügen] belegenen Geschäftseinheiten der multinationalen Unternehmensgruppe ist;

d) der Gesamtwert der materiellen Vermögenswerte in allen UTPR-Steuerhoheitsgebieten die Summe des Nettobuchwerts der materiellen Vermögenswerte aller Geschäftseinheiten der multinationalen Unternehmensgruppe ist, die in einem Steuerhoheitsgebiet belegen sind, in dem für das Geschäftsjahr eine anerkannte UTPR in Kraft ist.

2.6.2. Für die Zwecke von Artikel 2.6.1

a) sind die Zahl der Beschäftigten und der Nettobuchwert der materiellen Vermögenswerte einer Investmentgesellschaft von den Elementen der Formel für die Aufteilung des Gesamtbetrags der UTPR-Ergänzungssteuer auszunehmen,

b) sind die Zahl der Beschäftigten und der Nettobuchwert der materiellen Vermögenswerte einer transparenten Gesellschaft, die keinen Betriebsstätten zuzurechnen sind, den Geschäftseinheiten (sofern es solche gibt) zuzurechnen, die in dem Steuerhoheitsgebiet belegen sind, in dem die transparente Gesellschaft gegründet wurde. Die Zahl der Beschäftigten und der Nettobuchwert der materiellen Vermögenswerte einer transparenten Gesellschaft, die weder Betriebsstätten noch gemäß dieser Bestimmung zugerechnet werden können, werden aus der Formel für die Aufteilung des Gesamtbetrags der UTPR-Ergänzungssteuer ausgenommen.

2.6.3. Ungeachtet von Artikel 2.6.1 gilt der UTPR-Prozentsatz von [Namen des umsetzenden Steuerhoheitsgebiets einfügen] für eine multinationale Unternehmensgruppe in einem Geschäftsjahr als gleich null, solange der Ergänzungssteuerbetrag, der [Namen des umsetzenden Steuerhoheitsgebiets einfügen] in einem früheren Geschäftsjahr zugerechnet wurde, noch nicht dazu geführt hat, dass den in [Namen des umsetzenden Steuerhoheitsgebiets einfügen] belegenen

Geschäftseinheiten der multinationalen Unternehmensgruppe ein zusätzlicher zahlungswirksamer Steueraufwand entstanden ist, der dem [Namen des umsetzenden Steuerhoheitsgebiets einfügen] für dieses frühere Geschäftsjahr insgesamt zugerechneten UTPR-Ergänzungssteuerbetrag entspricht. Die Beschäftigtenzahl und die materiellen Vermögenswerte der Geschäftseinheiten der multinationalen Unternehmensgruppe, die in einem Steuerhoheitsgebiet belegen sind, dessen UTPR-Prozentsatz für ein Geschäftsjahr null beträgt, werden aus der Formel von Artikel 2.6.1 für die Aufteilung des Gesamtbetrags der UTPR-Ergänzungssteuer für dieses Geschäftsjahr ausgenommen.

2.6.4. Artikel 2.6.3 gilt nicht für ein Geschäftsjahr, wenn alle Steuerhoheitsgebiete, in denen für dieses Geschäftsjahr eine anerkannte UTPR in Kraft ist, einen UTPR-Prozentsatz von null für die multinationale Unternehmensgruppe für dieses Geschäftsjahr haben.

3 Berechnung des GloBE-Gewinns oder -Verlusts

Funktionsweise der Vorschriften in diesem Kapitel

In diesem Kapitel wird der Betrag des GloBE-Gewinns oder -Verlusts einer Geschäftseinheit ermittelt, indem

- der für die Geschäftseinheit ermittelte Jahresüberschuss oder -fehlbetrag für das Geschäftsjahr nach Artikel 3.1 zugrunde gelegt wird und dann
- gemäß den Artikeln 3.2 bis 3.5 angepasst wird, um zum GloBE-Gewinn oder -Verlust der Geschäftseinheit zu gelangen.

Artikel 3.1. Jahresabschluss

3.1.1. Der GloBE-Gewinn oder -Verlust jeder Geschäftseinheit entspricht dem für die betreffende Geschäftseinheit ermittelten Jahresüberschuss oder -fehlbetrag für das Geschäftsjahr, angepasst um die in den Artikeln 3.2 bis 3.5 beschriebenen Posten.

3.1.2. Der Jahresüberschuss oder -fehlbetrag ist der Überschuss oder Fehlbetrag, der für eine Geschäftseinheit (vor etwaigen Konsolidierungsanpassungen für gruppeninterne Geschäftsvorfälle) bei der Erstellung des Konzernabschlusses der obersten Muttergesellschaft ermittelt wurde.

3.1.3. Wenn es nach vernünftigem Ermessen nicht möglich ist, den Jahresüberschuss oder -fehlbetrag einer Geschäftseinheit auf der Grundlage des zur Erstellung des Konzernabschlusses der obersten Muttergesellschaft verwendeten Rechnungslegungsstandards zu ermitteln, so kann der Jahresüberschuss oder -fehlbetrag der Geschäftseinheit für das Geschäftsjahr unter Verwendung eines anderen anerkannten Rechnungslegungsstandards oder eines zugelassenen Rechnungslegungsstandards bestimmt werden, vorausgesetzt,

a) der Jahresabschluss der Geschäftseinheit wird auf der Grundlage dieses Rechnungslegungsstandards erstellt,

b) die im Jahresabschluss enthaltenen Informationen sind verlässlich und

c) dauerhafte Abweichungen um mehr als 1 Mio. EUR, die sich daraus ergeben, dass auf Ertrags- oder Aufwandsposten oder Geschäftsvorfälle ein bestimmter Rechnungslegungsgrundsatz oder -standard angewandt wird, der von dem zur Erstellung des Konzernabschlusses der obersten Muttergesellschaft verwendeten Rechnungslegungsstandard abweicht, werden entsprechend der Behandlung angepasst, die nach dem zur Erstellung des Konzernabschlusses der Muttergesellschaft verwendeten Rechnungslegungsstandard vorgeschrieben ist.

Artikel 3.2. Anpassungen zur Bestimmung des GloBE-Gewinns oder -Verlusts

3.2.1. Der Jahresüberschuss oder -fehlbetrag einer Geschäftseinheit wird um die folgenden Posten angepasst, um zum GloBE-Gewinn oder -Verlust dieser Geschäftseinheit zu gelangen:

a) Nettosteueraufwand;

b) ausgenommene Dividenden;

c) ausgenommene Eigenkapitalgewinne oder -verluste;

d) nach der Neubewertungsmethode berücksichtigte Gewinne oder Verluste;

e) gemäß Artikel 6.3 ausgenommene Gewinne oder Verluste aus der Veräußerung von Vermögenswerten und Verbindlichkeiten;

f) asymmetrische Wechselkursgewinne oder -verluste;

g) grundsätzlich unzulässige Aufwendungen;

h) Fehler aus der Vorperiode oder Änderungen der Rechnungslegungsgrundsätze;

i) abgegrenzter Pensionsaufwand.

3.2.2. Bei Inanspruchnahme eines entsprechenden Wahlrechts durch die erklärungspflichtige Geschäftseinheit kann eine Geschäftseinheit den Betrag der Kosten oder Aufwendungen in Form aktienbasierter Vergütungen, der in ihrem Abschluss als Aufwand verbucht ist, durch den Betrag ersetzen, der bei der Berechnung ihres steuerpflichtigen Gewinns im Steuerhoheitsgebiet ihrer Belegenheit abzugsfähig ist. Beziehen sich die Aufwendungen für aktienbasierte Vergütungen auf eine Aktienoption, die nicht ausgeübt wurde, muss die Geschäftseinheit bei der Berechnung ihres GloBE-Gewinns oder -Verlusts für das Geschäftsjahr, in dem die Option abläuft, den gesamten zuvor in Abzug gebrachten Betrag wieder einrechnen. Dieses Wahlrecht ist ein Fünfjahreswahlrecht, das für die aktienbasierten Vergütungen sämtlicher in ein und demselben Steuerhoheitsgebiet belegenen Geschäftseinheiten für das Jahr, in dem das Wahlrecht in Anspruch genommen wurde, und sämtliche folgende Geschäftsjahre einheitlich umzusetzen ist. Wenn das Wahlrecht in einem Geschäftsjahr in Anspruch genommen wird, nachdem ein Teil der aktienbasierten Vergütung eines Geschäftsvorfalls im Abschluss der Geschäftseinheit verbucht wurde, muss die Geschäftseinheit in die Berechnung ihres GloBE-Gewinns oder -Verlusts für dieses Geschäftsjahr einen Betrag einbeziehen, der dem Differenzbetrag entspricht, um den der bei der Berechnung ihres GloBE-Gewinns oder -Verlusts in den vorangegangenen Geschäftsjahren in Abzug gebrachte Betrag den Gesamtbetrag übersteigt, der abzugsfähig gewesen wäre, wenn das Wahlrecht bereits in diesen Geschäftsjahren in Anspruch genommen worden wäre. Wird die Inanspruchnahme des Wahlrechts widerrufen, so muss die Geschäftseinheit bei der Berechnung ihres GloBE-Gewinns oder -Verlusts für das Jahr des Widerrufs den Betrag berücksichtigen, um den der gemäß dem Wahlrecht in Abzug gebrachte Betrag den Betrag übersteigt, der für die nicht ausbezahlten aktienbasierten Vergütungen in ihrem Abschluss als Aufwand abgegrenzt wurde.

3.2.3. Alle Geschäftsvorfälle zwischen in verschiedenen Steuerhoheitsgebieten belegenen Geschäftseinheiten, die nicht in gleicher Höhe in den Konten beider Geschäftseinheiten verbucht sind oder die nicht fremdvergleichskonform sind, müssen so angepasst werden, dass die Beträge gleich hoch und die Geschäftsvorfälle fremdvergleichskonform sind. Ein Verlust aus einer Veräußerung oder anderweitigen Übertragung eines Vermögenswerts zwischen zwei in ein und demselben Steuerhoheitsgebiet belegenen Geschäftseinheiten, der nicht fremdvergleichskonform verbucht ist, wird nach dem Fremdvergleichsgrundsatz neu berechnet, falls der betreffende Verlust in der Berechnung des GloBE-Gewinns oder -Verlusts berücksichtigt ist. Die Regeln für die Umverteilung von Gewinnen oder Verlusten zwischen einem Stammhaus und seinen Betriebsstätten sind Artikel 3.4 zu entnehmen.

3.2.4. Anerkannte auszahlbare Steuergutschriften werden bei der Berechnung des GloBE-Gewinns oder -Verlusts einer Geschäftseinheit als Erträge behandelt. Nicht anerkannte auszahlbare Steuergutschriften werden bei der Berechnung des GloBE-Gewinns oder -Verlusts einer Geschäftseinheit nicht als Erträge behandelt.

3.2.5. Bei Vermögenswerten und Verbindlichkeiten, die im Konzernabschluss einer Zeitwert- oder Wertminderungsbilanzierung unterliegen, kann eine erklärungspflichtige Geschäftseinheit die Gewinne und Verluste für die Zwecke der Berechnung des GloBE-Gewinns unter Inanspruchnahme eines entsprechenden Wahlrechts nach dem Realisationsprinzip bestimmen. Bei diesem Wahlrecht handelt es sich um ein Fünfjahreswahlrecht, das für sämtliche Geschäftseinheiten umzusetzen ist, die in dem Steuerhoheitsgebiet belegen sind, für das das Wahlrecht in Anspruch genommen wird. Es gilt für sämtliche Vermögenswerte und Verbindlichkeiten dieser Geschäftseinheiten, sofern die erklärungspflichtige Geschäftseinheit nicht beschließt, die Anwendung des Wahlrechts auf die materiellen Vermögenswerte dieser Geschäftseinheiten oder auf Geschäftseinheiten, die Investmentgesellschaften sind, zu beschränken. Im Fall der Inanspruchnahme dieses Wahlrechts

a) werden sämtliche Gewinne oder Verluste, die der Zeitwert- oder Wertminderungsbilanzierung eines Vermögenswerts oder einer Verbindlichkeit zuzuschreiben sind, von der Berechnung des GloBE-Gewinns oder -Verlusts ausgenommen,

b) handelt es sich beim Buchwert eines Vermögenswerts oder einer Verbindlichkeit für die Zwecke der Bestimmung der Gewinne oder Verluste um ihren Buchwert zum jeweils späteren der beiden folgenden Zeitpunkte, nämlich

    i. dem ersten Tag des Jahres der Inanspruchnahme des Wahlrechts, oder

    ii. dem Datum, an dem der Vermögenswert erworben oder die Verbindlichkeit eingegangen wurde, und

c) wird der GloBE-Gewinn oder -Verlust der Geschäftseinheiten für den Fall, dass die Inanspruchnahme des Wahlrechts widerrufen wird, um die zu Beginn des Jahres des Widerrufs festgestellte Differenz zwischen dem beizulegenden Zeitwert des Vermögenswerts oder der Verbindlichkeit und dem entsprechend des Wahlrechts ermittelten Buchwert des Vermögenswerts oder der Verbindlichkeit angepasst.

3.2.6. Wenn in einem Steuerhoheitsgebiet in einem Geschäftsjahr ein Gesamtveräußerungsgewinn verzeichnet wurde, hat die erklärungspflichtige Geschäftseinheit für dieses Steuerhoheitsgebiet nach diesem Artikel 3.2.6 ein jährliches Wahlrecht, den GloBE-Gewinn oder -Verlust für jedes vorangegangene Geschäftsjahr des Rückbetrachtungszeitraums wie unter den Buchstaben b und c beschrieben anzupassen und etwaige verbleibende angepasste Veräußerungsgewinne wie unter Buchstabe d beschrieben auf den Rückbetrachtungszeitraum zu verteilen. Der effektive Steuersatz sowie gegebenenfalls die Ergänzungssteuer für ein vorangegangenes Geschäftsjahr müssen nach Artikel 5.4.1 neu berechnet werden. Wird das in diesem Artikel vorgesehene Wahlrecht in Anspruch genommen, gilt Folgendes:

a) Erfasste Steuern in Bezug auf Nettoveräußerungsgewinne oder -verluste im Jahr der Inanspruchnahme des Wahlrechts werden von der Berechnung der angepassten erfassten Steuern ausgenommen.

b) Der Gesamtveräußerungsgewinn im Jahr der Inanspruchnahme des Wahlrechts wird zum frühesten Verlustjahr rückgetragen und anteilig mit allen etwaigen Nettoveräußerungsverlusten aller im betreffenden Steuerhoheitsgebiet belegenen Geschäftseinheiten verrechnet.

c) Wenn der angepasste Veräußerungsgewinn für ein Verlustjahr den Gesamtbetrag der Nettoveräußerungsverluste aller in diesem Steuerhoheitsgebiet belegenen Geschäftseinheiten übersteigt, wird der angepasste Veräußerungsgewinn ins nächste Verlustjahr (sofern es ein solches gibt) vorgetragen und anteilig mit allen etwaigen Nettoveräußerungsverlusten aller in diesem Steuerhoheitsgebiet belegenen Geschäftseinheiten verrechnet.

d) Etwaige nach Anwendung der Buchstaben b und c verbleibende angepasste Veräußerungsgewinne werden zu gleichen Teilen auf alle Geschäftsjahre des Rückbetrachtungszeitraums verteilt. Der einem bestimmten Jahr zugerechnete Veräußerungsgewinn wird nach folgender Formel in die Berechnung des GloBE-Gewinns oder -Verlusts einer Geschäftseinheit einbezogen, die in diesem Jahr in dem Steuerhoheitsgebiet belegen ist:

$$\mathit{Dem\ jeweiligen\ Jahr\ zugerechneter\ Veräußerungsgewinn} \times \frac{\mathit{Nettoveräußerungsgewinn\ der\ bezeichneten\ Geschäftseinheit\ im\ Jahr\ der\ Inanspruchnahme}}{\mathit{Nettoveräußerungsgewinn\ aller\ bezeichneten\ Geschäftseinheiten\ im\ Jahr\ der\ Inanspruchnahme}}$$

Für die Zwecke der obigen Formel ist eine bezeichnete Geschäftseinheit eine Geschäftseinheit, die im Jahr der Inanspruchnahme des Wahlrechts einen Nettoveräußerungsgewinn verbucht hat und im betreffenden Jahr im Steuerhoheitsgebiet belegen war. Wenn es für ein Jahr keine bezeichnete Geschäftseinheit gibt, wird der diesem Jahr zugerechnete angepasste Nettoveräußerungsgewinn zu gleichen Teilen auf alle Geschäftseinheiten verteilt, die in diesem Jahr im Steuerhoheitsgebiet belegen waren.

3.2.7. Bei der Berechnung des GloBE-Gewinns oder -Verlusts einer niedrig besteuerten Einheit werden alle Aufwendungen ausgenommen, die einer gruppeninternen Finanzierungsvereinbarung zuzuschreiben sind, von der vernünftigerweise anzunehmen ist, dass sie über ihre Laufzeit

a) den Betrag der bei der Berechnung des GloBE-Gewinns oder -Verlusts der niedrig besteuerten Einheit berücksichtigten Aufwendungen erhöht,

b) ohne zu einem entsprechenden Anstieg des steuerpflichtigen Gewinns der hoch besteuerten Gegenpartei zu führen.

3.2.8. Eine oberste Muttergesellschaft hat das Wahlrecht, Erträge, Aufwendungen, Gewinne und Verluste aus Geschäftsvorfällen zwischen Geschäftseinheiten, die in ein und demselben Steuerhoheitsgebiet belegen und in einem Organkreis zusammengefasst sind, unter Verwendung ihrer Konsolidierungsmethode von der Berechnung des GloBE-Nettogewinns oder -Nettoverlusts der einzelnen Geschäftseinheiten auszunehmen. Bei diesem Wahlrecht handelt es sich um ein Fünfjahreswahlrecht. Wenn das Wahlrecht in Anspruch genommen oder wenn seine Inanspruchnahme widerrufen wird, werden für GloBE-Zwecke geeignete Anpassungen vorgenommen, um zu verhindern, dass Posten aufgrund der Inanspruchnahme des Wahlrechts oder ihres Widerrufs im GloBE-Gewinn oder -Verlust doppelt erfasst werden oder unberücksichtigt bleiben.

3.2.9. Ein Versicherungsunternehmen nimmt Beträge, die es Versicherungsnehmern für Steuern in Rechnung gestellt hat, welche das Versicherungsunternehmen für an die Versicherungsnehmer ausgezahlte Renditen entrichtet hat, von der Berechnung des GloBE-Gewinns oder

-Verlusts aus. Ein Versicherungsunternehmen berücksichtigt an Versicherungsnehmer ausgezahlte Renditen, die nicht in seinem Jahresüberschuss oder -fehlbetrag berücksichtigt sind, bei der Berechnung des GloBE-Gewinns oder -Verlusts, soweit die entsprechende Zu- oder Abnahme der Verbindlichkeiten gegenüber den Versicherungsnehmern in seinem Jahresüberschuss oder -fehlbetrag erfasst ist.

3.2.10. Beträge, die als Abnahme des Eigenkapitals einer Geschäftseinheit infolge von getätigten oder zu tätigenden Ausschüttungen in Bezug auf von der Geschäftseinheit aufgelegtes zusätzliches Kernkapital erfasst sind, werden bei der Berechnung ihres GloBE-Gewinns oder -Verlusts als Aufwand behandelt. Beträge, die als Zunahme des Eigenkapitals einer Geschäftseinheit infolge von erhaltenen oder zu erhaltenden Ausschüttungen in Bezug auf von der Geschäftseinheit gehaltenes zusätzliches Kernkapital erfasst sind, werden in die Berechnung ihres GloBE-Gewinns oder -Verlusts einbezogen.

3.2.11. Der Jahresüberschuss oder -fehlbetrag einer Geschäftseinheit muss gegebenenfalls angepasst werden, um den Anforderungen der einschlägigen Bestimmungen der Kapitel 6 und 7 gerecht zu werden.

Artikel 3.3. Freistellung von Erträgen aus dem internationalen Seeverkehr

3.3.1. Für multinationale Unternehmensgruppen mit Erträgen aus dem internationalen Seeverkehr werden die Erträge und anerkannten Nebenerträge aus dem internationalen Seeverkehr jeder Geschäftseinheit von der Berechnung ihres GloBE-Gewinns oder -Verlusts nach Artikel 3.2 für das Steuerhoheitsgebiet, in dem die betreffende Geschäftseinheit belegen ist, ausgenommen. Wenn die Berechnung der Erträge und anerkannten Nebenerträge einer Geschäftseinheit aus dem internationalen Seeverkehr einen Verlust ergibt, wird dieser Verlust von der Berechnung ihres GloBE-Gewinns oder -Verlusts ausgenommen.

3.3.2. „Erträge aus dem internationalen Seeverkehr" bedeutet die Nettoerträge, die eine Geschäftseinheit mit folgenden Tätigkeiten erzielt:

a) Beförderung von Passagieren oder Fracht auf einem von ihr betriebenen Seeschiff im internationalen Verkehr, unabhängig davon, ob es sich um ein eigenes, ein gechartertes oder ein der Geschäftseinheit anderweitig zur Verfügung stehendes Schiff handelt;

b) Beförderung von Passagieren oder Fracht auf einem Seeschiff im internationalen Verkehr im Rahmen von Slot-Charter-Vereinbarungen;

c) Vercharterung eines für die Beförderung von Passagieren oder Fracht im internationalen Verkehr eingesetzten, vollständig ausgerüsteten und bemannten Seeschiffs;

d) Vercharterung eines für die Beförderung von Passagieren oder Fracht im internationalen Verkehr eingesetzten leeren Seeschiffs an eine andere Geschäftseinheit;

e) Beteiligung an einem Pool, einer Betriebsgemeinschaft oder einer internationalen Betriebsstelle für die Beförderung von Passagieren oder Fracht im internationalen Seeverkehr;

f) Verkauf eines für die Beförderung von Passagieren oder Fracht im internationalen Verkehr eingesetzten Seeschiffs, vorausgesetzt, dieses Schiff wurde von der Geschäftseinheit mindestens ein Jahr lang zur Nutzung gehalten.

Erträge aus dem internationalen Seeverkehr umfassen nicht Nettoerträge aus der Beförderung von Passagieren oder Fracht auf Binnenwasserstraßen innerhalb desselben Steuerhoheitsgebiets.

3.3.3. „Anerkannte Nebenerträge aus dem internationalen Seeverkehr“ bedeutet die von einer Geschäftseinheit erzielten Nettoerträge aus folgenden Tätigkeiten, die in erster Linie mit der Beförderung von Passagieren oder Fracht mit Seeschiffen im internationalen Verkehr im Zusammenhang stehen:

a) Vercharterung eines leeren Seeschiffs an ein anderes Schifffahrtsunternehmen, das keine Geschäftseinheit der multinationalen Unternehmensgruppe ist, vorausgesetzt, der Charterzeitraum beträgt nicht mehr als drei Jahre;

b) Verkauf von durch andere Schifffahrtsunternehmen ausgestellten Fahrkarten für den inländischen Teil einer internationalen Fahrt;

c) Vermietung und kurzfristige Lagerung von Containern oder Gebühren für die verspätete Rückgabe von Containern;

d) Erbringung von Dienstleistungen für andere Schifffahrtsunternehmen durch Ingenieur-, Wartungs-, Lade-, Bewirtungs- und Kundendienstpersonal;

e) Kapitalerträge, wenn die Anlagen, mit denen diese Erträge erzielt werden, als fester Bestandteil der Ausübung der Tätigkeit des Seeschiffsbetriebs im internationalen Verkehr getätigt werden.

3.3.4. Die anerkannten Nebenerträge aus dem internationalen Seeverkehr aller in einem Steuerhoheitsgebiet belegenen Geschäftseinheiten dürfen insgesamt 50 % der Erträge dieser Geschäftseinheiten aus dem internationalen Seeverkehr nicht übersteigen.

3.3.5. Die Kosten, die einer Geschäftseinheit unmittelbar durch ihre Tätigkeiten im internationalen Seeverkehr nach Artikel 3.3.2 entstehen, und die Kosten, die ihr unmittelbar durch ihre anerkannten Nebentätigkeiten im internationalen Seeverkehr nach Artikel 3.3.3 entstehen, werden von den Umsatzerlösen der Geschäftseinheit aus diesen Tätigkeiten abgezogen, um ihre Erträge und anerkannten Nebenerträge aus dem internationalen Seeverkehr zu berechnen. Sonstige Kosten, die einer Geschäftseinheit mittelbar durch ihre Tätigkeiten und anerkannten Nebentätigkeiten im internationalen Seeverkehr entstehen, werden auf der Grundlage der Umsatzerlöse der Geschäftseinheit aus diesen Tätigkeiten im Verhältnis zu ihren Gesamtumsatzerlösen aufgeteilt. Alle unmittelbar und mittelbar mit den Erträgen und anerkannten Nebenerträgen aus dem internationalen Seeverkehr einer Geschäftseinheit zusammenhängenden Kosten werden von der Berechnung ihres GloBE-Gewinns oder -Verlusts ausgenommen.

3.3.6. Damit die in diesem Artikel vorgesehene Ausnahme der Erträge und anerkannten Nebenerträge aus dem internationalen Seeverkehr vom GloBE-Gewinn oder -Verlust einer Geschäftseinheit in Anspruch genommen werden kann, muss die betreffende Geschäftseinheit nachweisen, dass das strategische oder wirtschaftliche Management sämtlicher betroffenen Seeschiffe tatsächlich von dem Steuerhoheitsgebiet aus erfolgt, in dem sie belegen ist.

Artikel 3.4. Zurechnung des Gewinns oder Verlusts bei einer Betriebsstätte und ihrem Stammhaus

3.4.1. Der Jahresüberschuss oder -fehlbetrag einer Geschäftseinheit, bei der es sich um eine Betriebsstätte im Sinne der Buchstaben a, b und c der Definition in Artikel 10.1 handelt, ist der Überschuss oder Fehlbetrag, der in ihrem eigenen Jahresabschluss ausgewiesen ist. Wenn die Betriebsstätte nicht über einen eigenen Abschluss verfügt, so entspricht ihr Jahresüberschuss oder -fehlbetrag dem Betrag, der in ihrem eigenen Abschluss ausgewiesen worden wäre, wenn ein solcher gesondert und im Einklang mit dem für die Erstellung des Konzernabschlusses der obersten Muttergesellschaft verwendeten Rechnungslegungsstandard aufgestellt worden wäre.

3.4.2. Der Jahresüberschuss oder -fehlbetrag einer Betriebsstätte gemäß Artikel 3.4.1 wird gegebenenfalls wie folgt angepasst:

a) im Fall einer Betriebsstätte im Sinne der Buchstaben a und b der Definition in Artikel 10.1, um darin nur die Ertrags- und Aufwandsbeträge sowie Ertrags- und Aufwandsposten zu berücksichtigen, die der Betriebsstätte gemäß dem geltenden Doppelbesteuerungsabkommen oder den Rechtsvorschriften des Steuerhoheitsgebiets, in dem sie belegen ist, zuzurechnen sind, unabhängig von der Höhe des steuerpflichtigen Gewinns und der Höhe der abzugsfähigen Aufwendungen in diesem Steuerhoheitsgebiet;

b) im Fall einer Betriebsstätte im Sinne von Buchstabe c der Definition in Artikel 10.1, um darin nur die Ertrags- und Aufwandsbeträge sowie Ertrags- und Aufwandsposten zu berücksichtigen, die der Betriebsstätte nach Artikel 7 des OECD-Musterabkommens zuzurechnen wären.

3.4.3. Im Fall einer Geschäftseinheit, die eine Betriebsstätte im Sinne von Buchstabe d der Definition in Artikel 10.1 ist, handelt es sich bei den zur Berechnung ihres Jahresüberschusses oder -fehlbetrags heranzuziehenden Erträgen um die Erträge, die im Steuerhoheitsgebiet der Belegenheit des Stammhauses steuerbefreit sind und den außerhalb dieses Steuerhoheitsgebiets ausgeübten Tätigkeiten zuzuschreiben sind. Bei den zur Berechnung des Jahresüberschusses oder -fehlbetrags heranzuziehenden Aufwendungen handelt es sich um jene, die in dem Steuerhoheitsgebiet, in dem das Stammhaus belegen ist, steuerlich nicht abzugsfähig sind und die den außerhalb dieses Steuerhoheitsgebiets ausgeübten Tätigkeiten zuzuschreiben sind.

3.4.4. Der Jahresüberschuss oder -fehlbetrag einer Betriebsstätte wird bei der Bestimmung des GloBE-Gewinns oder -Verlusts des Stammhauses nicht berücksichtigt, sofern dies nicht in Artikel 3.4.5 vorgesehen ist.

3.4.5. Ein GloBE-Verlust einer Betriebsstätte wird für die Zwecke der Berechnung des GloBE-Gewinns oder -Verlusts des Stammhauses als Aufwand des Stammhauses (und nicht der Betriebsstätte) behandelt, sofern dieser Verlust der Betriebsstätte bei der Berechnung des inländischen steuerpflichtigen Gewinns des Stammhauses als Aufwand behandelt wird und nicht mit einem Ertragsposten verrechnet wird, der sowohl nach dem Recht des Steuerhoheitsgebiets des Stammhauses als auch nach dem Recht des Steuerhoheitsgebiets der Betriebsstätte steuerpflichtig ist. Anschließend von der Betriebsstätte erzielte GloBE-Gewinne werden bis zur Höhe des GloBE-Verlusts, der zuvor bei der Berechnung des GloBE-Gewinns oder -Verlusts des Stammhauses als Aufwand behandelt wurde, als GloBE-Gewinn des Stammhauses (und nicht der Betriebsstätte) behandelt.

Artikel 3.5. Zurechnung des Gewinns oder Verlusts einer transparenten Gesellschaft

3.5.1. Der Jahresüberschuss oder -fehlbetrag einer Geschäftseinheit, die eine transparente Gesellschaft ist, wird wie folgt zugerechnet:

a) Im Fall einer Betriebsstätte, über die die Geschäftstätigkeit der Geschäftseinheit ganz oder teilweise ausgeübt wird, wird der Jahresüberschuss oder -fehlbetrag der Geschäftseinheit gemäß Artikel 3.4 dieser Betriebsstätte zugerechnet.

b) Im Fall einer volltransparenten Gesellschaft, die nicht die oberste Muttergesellschaft ist, wird ein etwaiger nach Anwendung von Buchstabe a verbleibender Jahresüberschuss oder -fehlbetrag den gruppenzugehörigen Beteiligten dieser Gesellschaft entsprechend der Höhe ihrer Beteiligung zugerechnet.

c) Im Fall einer volltransparenten Gesellschaft, die die oberste Muttergesellschaft ist, oder einer halbtransparenten Gesellschaft wird ein etwaiger nach Anwendung von Buchstabe a verbleibender Jahresüberschuss oder -fehlbetrag dieser Gesellschaft zugerechnet.

3.5.2. Die Regeln von Artikel 3.5.1 werden in Bezug auf jede Beteiligung an der transparenten Gesellschaft gesondert angewendet.

3.5.3. Vor Anwendung von Artikel 3.5.1 wird der Jahresüberschuss oder -fehlbetrag einer transparenten Gesellschaft um den Betrag gekürzt, der den Beteiligten dieser Gesellschaft zuzurechnen ist, die der multinationalen Unternehmensgruppe nicht angehören und die ihre Beteiligung an der transparenten Gesellschaft direkt oder über eine volltransparente Struktur halten.

3.5.4. Artikel 3.5.3 gilt nicht für

a) eine oberste Muttergesellschaft, die eine transparente Gesellschaft ist, oder

b) eine transparente Gesellschaft, die (direkt oder über eine volltransparente Struktur) im Eigentum einer solchen obersten Muttergesellschaft steht.

Die Behandlung solcher Geschäftseinheiten ist in Artikel 7.1 geregelt.

3.5.5. Der Jahresüberschuss oder -fehlbetrag einer transparenten Gesellschaft wird um den Betrag gekürzt, der einer anderen Geschäftseinheit zugerechnet wird.

4 Berechnung der angepassten erfassten Steuern

Funktionsweise der Vorschriften in diesem Kapitel

In diesem Kapitel wird der Betrag der in Artikel 4.2 definierten erfassten Steuern einer Geschäftseinheit ermittelt, indem

- die nach Artikel 4.1 für die Geschäftseinheit ermittelten laufenden Steuern zugrunde gelegt und zur Berücksichtigung bestimmter temporärer Differenzen nach Artikel 4.4 und 4.5 angepasst werden,
- die erfassten Steuern in bestimmten in Artikel 4.3 genannten Fällen zwischen verschiedenen Geschäftseinheiten umverteilt werden und
- der Effekt bestimmter in Artikel 4.6 beschriebener Steueranpassungen berücksichtigt wird, die nach Einreichung der Erklärung erfolgen.

Artikel 4.1. Angepasste erfasste Steuern

4.1.1. Die angepassten erfassten Steuern einer Geschäftseinheit für das Geschäftsjahr entsprechen dem im Jahresüberschuss oder -fehlbetrag berücksichtigten laufenden Steueraufwand für erfasste Steuern für das Geschäftsjahr, der um folgende Beträge angepasst wird:

a) Saldo aus den (gemäß Artikel 4.1.2 bestimmten) Hinzurechnungen zu den erfassten Steuern des Geschäftsjahrs und den (gemäß Artikel 4.1.3 bestimmten) Kürzungen der erfassten Steuern des Geschäftsjahrs;

b) Gesamtbetrag der (gemäß Artikel 4.4 bestimmten) Anpassung um latente Steuern;

c) im Eigenkapital oder im sonstigen Ergebnis berücksichtigte Zu- oder Abnahmen der erfassten Steuern im Zusammenhang mit gemäß inländischen Steuervorschriften zu versteuernden Beträgen, die in die Berechnung des GloBE-Gewinns oder -Verlusts einfließen.

4.1.2. Die Hinzurechnungen zu den erfassten Steuern einer Geschäftseinheit für das Geschäftsjahr entsprechen der Summe folgender Beträge:

a) erfasste Steuern, die bei der Ermittlung des Gewinns vor Steuern im Abschluss als Aufwand abgegrenzt wurden;

b) latente GloBE-Verlust-Steueransprüche, die gemäß Artikel 4.5.3 verwendet wurden;

c) erfasste Steuern, die im Geschäftsjahr entrichtet wurden und mit Unsicherheiten bezüglich der steuerlichen Behandlung zusammenhängen, sofern die betreffenden Beträge in einem vorangegangenen Geschäftsjahr als Kürzung der erfassten Steuern gemäß Artikel 4.1.3 Buchstabe d behandelt wurden;

d) Gutschriften oder Erstattungen in Bezug auf anerkannte auszahlbare Steuergutschriften, die als Kürzung des laufenden Steueraufwands erfasst wurden.

4.1.3. Die Kürzungen der erfassten Steuern einer Geschäftseinheit für das Geschäftsjahr entsprechen der Summe folgender Beträge:

a) laufender Steueraufwand in Bezug auf Erträge, die bei der Berechnung des GloBE-Gewinns oder -Verlusts nach Kapitel 3 ausgenommen werden;

b) Gutschriften oder Erstattungen in Bezug auf nicht anerkannte auszahlbare Steuergutschriften, die nicht als Kürzung des laufenden Steueraufwands erfasst wurden;

c) einer Geschäftseinheit erstattete oder gutgeschriebene erfasste Steuern, die im Abschluss nicht als Anpassung des laufenden Steueraufwands behandelt wurden, es sei denn, sie beziehen sich auf eine anerkannte auszahlbare Steuergutschrift;

d) laufender Steueraufwand, der mit Unsicherheiten bezüglich der steuerlichen Behandlung zusammenhängt;

e) laufender Steueraufwand, der voraussichtlich nicht binnen drei Jahren nach Ende des Geschäftsjahrs bezahlt wird.

4.1.4. Beträge von erfassten Steuern dürfen nicht mehrfach berücksichtigt werden.

4.1.5. Ergibt sich für ein Geschäftsjahr in einem Steuerhoheitsgebiet kein GloBE-Nettogewinn und liegt der Betrag der angepassten erfassten Steuern für ein Steuerhoheitsgebiet unter null und unter dem erwarteten Betrag der angepassten erfassten Steuern, so wird für die Geschäftseinheiten in diesem Steuerhoheitsgebiet gemäß Artikel 5.4 eine im laufenden Geschäftsjahr anfallende zusätzliche laufende Ergänzungssteuer in Höhe der Differenz zwischen diesen beiden Beträgen angesetzt. Der erwartete Betrag der angepassten erfassten Steuern entspricht dem GloBE-Gewinn oder -Verlust für ein Steuerhoheitsgebiet multipliziert mit dem Mindeststeuersatz.

Artikel 4.2. Definition der erfassten Steuern

4.2.1. „Erfasste Steuern" bedeutet:

a) im Abschluss einer Geschäftseinheit ausgewiesene Steuern auf ihren Ertrag oder Gewinn oder auf ihren Anteil am Ertrag oder Gewinn einer Geschäftseinheit, an der sie eine Beteiligung hält;

b) Steuern auf ausgeschüttete Gewinne, unterstellte (fiktive) Gewinnausschüttungen und nicht geschäftsbezogene Aufwendungen, die im Rahmen eines berücksichtigungsfähigen Ausschüttungssteuersystems anfallen;

c) anstelle einer allgemein geltenden Körperschaftsteuer oder Steuer auf Unternehmensgewinne erhobene Abgaben;

d) nach den Gewinnrücklagen und dem gezeichneten Kapital bemessene Steuern, namentlich Steuern, die sowohl auf Ertrags- als auch auf Eigenkapitalbestandteile erhoben werden.

4.2.2. Nicht zu den erfassten Steuern zählen:

a) eine von einer Muttergesellschaft nach einer anerkannten IIR zu entrichtende Ergänzungssteuer;

b) eine von einer Geschäftseinheit im Rahmen einer anerkannten nationalen Mindestergänzungssteuer zu entrichtende Ergänzungssteuer;

c) Steuern im Zusammenhang mit einer Anpassung, die eine Geschäftseinheit aufgrund der Anwendung einer anerkannten UTPR vornimmt;

d) eine nicht anerkannte erstattungsfähige Anrechnungssteuer;

e) Steuern, die ein Versicherungsunternehmen für an Versicherungsnehmer ausgezahlte Renditen entrichtet.

Artikel 4.3. Zurechnung der erfassten Steuern einer Geschäftseinheit zu einer anderen Geschäftseinheit

4.3.1. Artikel 4.3.2 regelt die Umverteilung erfasster Steuern zwischen verschiedenen Geschäftseinheiten im Zusammenhang mit Betriebsstätten, volltransparenten Gesellschaften und hybriden Gesellschaften sowie mit Steuerregelungen für beherrschte ausländische Unternehmen (CFC-Steuerregelungen) und Ausschüttungssteuersystemen.

4.3.2. Die erfassten Steuern einer Geschäftseinheit werden in folgenden Fällen einer anderen Geschäftseinheit zugerechnet:

a) Der im Abschluss einer Geschäftseinheit enthaltene Betrag der erfassten Steuern auf den GloBE-Gewinn oder -Verlust einer Betriebsstätte wird der Betriebsstätte zugerechnet.

b) Der im Abschluss einer volltransparenten Gesellschaft enthaltene Betrag der erfassten Steuern auf den GloBE-Gewinn oder -Verlust, der nach Artikel 3.5.1 Buchstabe b einem gruppenzugehörigen Beteiligten dieser Gesellschaft zugerechnet wird, wird diesem gruppenzugehörigen Beteiligten ebenfalls zugerechnet.

c) Im Fall einer Geschäftseinheit, deren gruppenzugehörige Beteiligten einer CFC-Steuerregelung unterliegen, wird der Betrag der erfassten Steuern, der im Zusammenhang mit dieser Regelung im Abschluss ihrer direkten oder indirekten gruppenzugehörigen Beteiligten berücksichtigt ist und sich auf deren Anteil am Gewinn des beherrschten ausländischen Unternehmens bezieht, dieser Geschäftseinheit zugerechnet.

d) Im Fall einer Geschäftseinheit, bei der es sich um eine hybride Gesellschaft handelt, wird der im Abschluss eines gruppenzugehörigen Beteiligten dieser Gesellschaft berücksichtigte Betrag der erfassten Steuern auf den Gewinn der hybriden Gesellschaft der hybriden Gesellschaft zugerechnet.

e) In den Abschlüssen der gruppenzugehörigen direkten Beteiligten einer Geschäftseinheit abgrenzte erfasste Steuern, die auf von dieser Geschäftseinheit im Geschäftsjahr vorgenommene Ausschüttungen anfallen, werden der ausschüttenden Geschäftseinheit zugerechnet.

4.3.3. Die einer Geschäftseinheit aufgrund von Artikel 4.3.2 Buchstabe c und d zugerechneten erfassten Steuern auf passive Einkünfte werden in die angepassten erfassten Steuern dieser Geschäftseinheit einbezogen, wobei der niedrigere der beiden folgenden Beträge angesetzt wird:

a) zugerechnete erfasste Steuern in Bezug auf diese passiven Einkünfte oder

b) Betrag der passiven Einkünfte der Geschäftseinheit, die aufgrund einer Steuerregelung für beherrschte ausländische Unternehmen oder einer Steuertransparenzregelung einbezogen werden, multipliziert mit dem Ergänzungssteuersatz für das Steuerhoheitsgebiet der Geschäftseinheit, der ohne Berücksichtigung der vom gruppenzugehörigen Beteiligten der Geschäftseinheit auf diese passiven Einkünfte zu entrichtenden erfassten Steuern bestimmt wird.

Nach Anwendung dieses Artikels verbleibende erfasste Steuern des gruppenzugehörigen Beteiligten, die auf solche passive Einkünfte anfallen, werden nicht gemäß Artikel 4.3.2 Buchstabe c oder d zugerechnet.

4.3.4. Wird der GloBE-Gewinn einer Betriebsstätte gemäß Artikel 3.4.5 als GloBE-Gewinn des Stammhauses behandelt, so werden die erfassten Steuern, die im Steuerhoheitsgebiet der Belegenheit der Betriebsstätte anfallen und mit diesem Gewinn zusammenhängen, als erfasste Steuern des Stammhauses behandelt, und zwar bis maximal zur Höhe dieses Gewinns multipliziert mit dem höchsten Körperschaftsteuersatz, der in dem Steuerhoheitsgebiet der Belegenheit des Stammhaus für ordentliche Einkünfte gilt.

Artikel 4.4. Mechanismus zum Umgang mit temporären Differenzen

4.4.1. Der Gesamtbetrag der Anpassung um latente Steuern für eine Geschäftseinheit für das Geschäftsjahr entspricht dem im Abschluss der Geschäftseinheit abgegrenzten latenten Steueraufwand, sofern der geltende Steuersatz niedriger ist als der Mindeststeuersatz, und in allen anderen Fällen ihrem anhand des Mindeststeuersatzes neu berechneten latenten Steueraufwand in Bezug auf die erfassten Steuern für dieses Geschäftsjahr, nach Vornahme der in den Artikeln 4.4.2 und 4.4.3 aufgeführten Anpassungen sowie folgender Ausschlüsse:

a) latenter Steueraufwand in Bezug auf Posten, die bei der Berechnung des GloBE-Gewinns oder -Verlusts nach Kapitel 3 ausgenommen werden;

b) latenter Steueraufwand in Bezug auf nicht anerkannte Abgrenzungen und nicht geltend gemachte Abgrenzungen;

c) Auswirkungen von Wertberichtigungen und Ansatzanpassungen in Bezug auf einen latenten Steueranspruch;

d) neu bemessener latenter Steueraufwand aufgrund einer Änderung des geltenden inländischen Steuersatzes;

e) latenter Steueraufwand im Zusammenhang mit der Entstehung und Nutzung von Steuergutschriften.

4.4.2. Folgende Anpassungen werden vorgenommen:

a) Erhöhung um den während des Geschäftsjahrs gezahlten Betrag einer nicht anerkannten Abgrenzung oder nicht geltend gemachten Abgrenzung;

b) Erhöhung um den Betrag einer nachversteuerten latenten Steuerschuld, die in einem früheren Geschäftsjahr bestimmt und im laufenden Geschäftsjahr beglichen wurde;

c) Minderung um den Betrag, um den sich der Gesamtbetrag der Anpassung um latente Steuern verringert hätte, wenn für einen Verlust im laufenden Jahr ein verlustbedingter latenter Steueranspruch angesetzt worden wäre, jedoch hierfür die Ansatzkriterien nicht erfüllt waren.

4.4.3. Ein latenter Steueranspruch, der zu einem unter dem Mindeststeuersatz liegenden Steuersatz erfasst wurde, kann in dem Geschäftsjahr, in dem der latente Steueranspruch verbucht wurde, anhand des Mindeststeuersatzes neu berechnet werden, sofern der Steuerpflichtige nachweisen kann, dass der latente Steueranspruch auf einen GloBE-Verlust zurückzuführen ist. Der Gesamtbetrag der Anpassung um latente Steuern wird um den Betrag verringert, um den sich ein latenter Steueranspruch aufgrund einer Neuberechnung gemäß diesem Artikel erhöht.

4.4.4. Soweit gemäß diesem Artikel eine latente Steuerschuld berücksichtigt wird, bei der es sich nicht um eine nicht nachzuversteuernde Abgrenzung handelt, und diese latente Steuerschuld nicht innerhalb der folgenden fünf Geschäftsjahre beglichen wird, so muss der betreffende Betrag gemäß diesem Artikel nachversteuert werden. Der Betrag der für das laufende Geschäftsjahr ermittelten nachversteuerten latenten Steuerschuld wird als Minderung der erfassten Steuern im fünften vorangegangenen Geschäftsjahr behandelt und der effektive Steuersatz und die Ergänzungssteuer dieses Geschäftsjahrs werden gemäß Artikel 5.4.1 neu berechnet. Die nachversteuerte latente Steuerschuld im laufenden Geschäftsjahr entspricht dem Betrag der Zunahme einer Kategorie passiver latenter Steuern, die in den Gesamtbetrag der Anpassung um latente Steuern im fünften vorangegangenen Geschäftsjahr einbezogen wurde und nicht bis zum letzten Tag des laufenden Geschäftsjahrs aufgelöst wurde, sofern sich dieser Betrag nicht auf eine nicht nachzuversteuernde Abgrenzung gemäß Artikel 4.4.5 bezieht.

4.4.5. „Nicht nachzuversteuernde Abgrenzung" bezeichnet den abgegrenzten Steueraufwand, der auf Veränderungen der entsprechenden latenten Steuerschulden folgender Kategorien zurückzuführen ist:

a) Abschreibungen auf materielle Vermögenswerte;

b) Kosten einer staatlichen Lizenz oder vergleichbaren Regelung für die Nutzung von unbeweglichem Vermögen oder natürlichen Ressourcen, die mit erheblichen Investitionen in materielle Vermögenswerte verbunden ist;

c) Forschungs- und Entwicklungsaufwendungen;

d) Stilllegungs- und Sanierungsaufwendungen;

e) Zeitwertbilanzierung nicht realisierter Nettogewinne;

f) Nettowechselkursgewinne;

g) Versicherungsrückstellungen und abgegrenzte Abschlusskosten aus Versicherungsverträgen;

h) Gewinne aus dem Verkauf von im selben Steuerhoheitsgebiet wie die Geschäftseinheit belegenem Sachvermögen, die in Sachvermögen im selben Steuerhoheitsgebiet reinvestiert werden;

i) zusätzliche Beträge, die sich aus Änderungen von Rechnungslegungsgrundsätzen in Bezug auf die unter den Buchstaben a bis h aufgeführten Kategorien ergeben.

4.4.6. „Nicht anerkannte Abgrenzung" bedeutet

a) jede Veränderung des latenten Steueraufwands im Abschluss einer Geschäftseinheit, die mit Unsicherheiten bezüglich der steuerlichen Behandlung zusammenhängt,

b) jede Veränderung des latenten Steueraufwands im Abschluss einer Geschäftseinheit, die mit Ausschüttungen einer Geschäftseinheit zusammenhängt.

4.4.7. „Nicht geltend gemachte Abgrenzung“ bedeutet jede Erhöhung einer latenten Steuerschuld im Abschluss einer Geschäftseinheit für ein Geschäftsjahr, die voraussichtlich nicht innerhalb des in Artikel 4.4.4 genannten Zeitraums beglichen wird und die die erklärungspflichtige Geschäftseinheit unter Nutzung eines jährlichen Wahlrechts nicht in den Gesamtbetrag der Anpassung um latente Steuern für das betreffende Geschäftsjahr einbezieht.

Artikel 4.5. GloBE-Verlustwahlrecht

4.5.1. Statt die Regeln in Artikel 4.4 anzuwenden, kann eine erklärungspflichtige Geschäftseinheit für ein Steuerhoheitsgebiet ein GloBE-Verlustwahlrecht in Anspruch nehmen. In diesem Fall wird für jedes Geschäftsjahr, in dem in diesem Steuerhoheitsgebiet ein GloBE-Nettoverlust verzeichnet wird, ein latenter Steueranspruch festgestellt. Dieser latente GloBE-Verlust-Steueranspruch entspricht dem mit dem Mindeststeuersatz multiplizierten GloBE-Nettoverlust, der im betreffenden Geschäftsjahr in dem Steuerhoheitsgebiet verzeichnet wird.

4.5.2. Vom latenten GloBE-Verlust-Steueranspruch wird der im laufenden Geschäftsjahr genutzte Betrag dieses latenten Steueranspruchs abgezogen, und der Saldo wird in die Folgegeschäftsjahre vorgetragen.

4.5.3. Der latente GloBE-Verlust-Steueranspruch muss in jedem Folgegeschäftsjahr genutzt werden, in dem für das Steuerhoheitsgebiet ein GloBE-Nettogewinn vorliegt, und zwar in Höhe des GloBE-Nettogewinns multipliziert mit dem Mindeststeuersatz oder des verfügbaren latenten GloBE-Verlust-Steueranspruchs, wobei jeweils der niedrigere Betrag maßgeblich ist.

4.5.4. Wird die Inanspruchnahme des GloBE-Verlustwahlrechts zu einem späteren Zeitpunkt widerrufen, verringert sich ein etwaiger verbleibender latenter GloBE-Verlust-Steueranspruch zum ersten Tag des ersten Geschäftsjahrs, in dem das Wahlrecht nicht mehr gilt, auf null.

4.5.5. Das GloBE-Verlustwahlrecht muss mit der ersten GloBE-Erklärung der multinationalen Unternehmensgruppe in Anspruch genommen werden, in der das Steuerhoheitsgebiet erfasst ist, für das das Wahlrecht in Anspruch genommen werden soll. Das GloBE-Verlustwahlrecht kann nicht für ein Steuerhoheitsgebiet mit einem berücksichtigungsfähigen Ausschüttungssteuersystem im Sinne von Artikel 7.3 in Anspruch genommen werden.

4.5.6. Eine transparente Gesellschaft, die die oberste Muttergesellschaft einer multinationalen Unternehmensgruppe ist, kann das GloBE-Verlustwahlrecht nach diesem Artikel in Anspruch nehmen. In diesem Fall wird der latente GloBE-Verlust-Steueranspruch gemäß den Artikeln 4.5.1 bis 4.5.5 berechnet, wobei allerdings der gemäß Artikel 7.1.2 gekürzte GloBE-Verlust der transparenten Gesellschaft zugrunde zu legen ist.

Artikel 4.6. Nach Einreichung der Erklärung erfolgende Anpassungen und Steuersatzänderungen

4.6.1. Eine im Abschluss der Geschäftseinheit ausgewiesene Anpassung ihrer Verbindlichkeiten aus erfassten Steuern für ein früheres Geschäftsjahr wird als Anpassung der erfassten Steuern in dem Geschäftsjahr, in dem die Anpassung vorgenommen wird, behandelt, es sei denn, die Anpassung bezieht sich auf ein Geschäftsjahr, in dem sich die erfassten Steuern für das Steuerhoheitsgebiet verringert haben. Im Fall einer Verringerung der unter den angepassten erfassten Steuern für ein früheres Geschäftsjahr berücksichtigten erfassten Steuern sind der effektive Steuersatz und die Ergänzungssteuer für dieses Geschäftsjahr gemäß Artikel 5.4.1 neu zu berechnen. Bei der Neuberechnung nach Artikel 5.4.1 wird von den erfassten Steuern, die für das Geschäftsjahr ermittelt wurden, der Betrag abgezogen, um den sich die erfassten Steuern verringert haben, und der für das Geschäftsjahr und etwaige dazwischenliegende Geschäftsjahre ermittelte GloBE-Gewinn wird gegebenenfalls entsprechend angepasst. Eine erklärungspflichtige Geschäftseinheit kann ein jährliches Wahlrecht in Anspruch nehmen, um eine unwesentliche Verringerung der erfassten Steuern als Anpassung der erfassten Steuern in dem Geschäftsjahr, in dem die Anpassung vorgenommen wird, zu behandeln. Eine Verringerung der erfassten Steuern gilt als unwesentlich, wenn sich die für das Steuerhoheitsgebiet für das Geschäftsjahr bestimmten angepassten erfassten Steuern um insgesamt weniger als 1 Mio. EUR verringern.

4.6.2. Der Betrag des latenten Steueraufwands, der sich aus einer Absenkung des geltenden inländischen Steuersatzes ergibt, ist als eine Anpassung der Verbindlichkeiten aus erfassten Steuern zu behandeln, die von der Geschäftseinheit für ein früheres Geschäftsjahr nach Artikel 4.1 angesetzt wurden, sofern die Absenkung zu einer Unterschreitung des Mindeststeuersatzes führt.

4.6.3. Der Betrag des latenten Steueraufwands, der sich aus einer Erhöhung des geltenden inländischen Steuersatzes ergibt, ist nach seiner Entrichtung gemäß Artikel 4.6.1 als eine Anpassung der Verbindlichkeiten aus erfassten Steuern zu behandeln, die von der Geschäftseinheit für ein früheres Geschäftsjahr nach Artikel 4.1 angesetzt wurden, sofern der latente Steueraufwand ursprünglich zu einem unter dem Mindeststeuersatz liegenden Steuersatz verbucht wurde. Der Betrag dieser Anpassung ist auf einen Anstieg des latenten Steueraufwands bis maximal zur Höhe des zum Mindeststeuersatz neu berechneten latenten Steueraufwands begrenzt.

4.6.4. Sind mehr als 1 Mio. EUR des Betrags, der von einer Geschäftseinheit als laufender Steueraufwand abgegrenzt und unter den angepassten erfassten Steuern für ein Geschäftsjahr berücksichtigt wurde, binnen drei Jahren nach Ende dieses Geschäftsjahrs noch nicht beglichen, so sind der effektive Steuersatz und die Ergänzungssteuer für das Geschäftsjahr, in dem der nicht beglichene Betrag als erfasste Steuer geltend gemacht wurde, gemäß Artikel 5.4.1 neu zu berechnen, indem der nicht beglichene Betrag aus den angepassten erfassten Steuern herausgerechnet wird.

5 Berechnung des effektiven Steuersatzes und der Ergänzungssteuer

Funktionsweise der Vorschriften in diesem Kapitel

In diesem Kapitel wird die Ergänzungssteuer jeder niedrig besteuerten Geschäftseinheit ermittelt, indem

- der nach Kapitel 3 ermittelte GloBE-Gewinn oder -Verlust und die nach Kapitel 4 ermittelten angepassten erfassten Steuern jeder Geschäftseinheit jeweils mit dem GloBE-Gewinn oder -Verlust und den angepassten erfassten Steuern der anderen im selben Steuerhoheitsgebiet belegenen Geschäftseinheiten zusammengerechnet werden, um den effektiven Steuersatz für dieses Steuerhoheitsgebiet zu ermitteln,
- bestimmt wird, welche Steuerhoheitsgebiete Niedrigsteuerhoheitsgebiete sind (d. h. einen effektiven Steuersatz aufweisen, der unter dem Mindestsatz liegt),
- für jedes Niedrigsteuerhoheitsgebiet ein gebietsbezogener Ergänzungssteuersatz errechnet wird,
- der substanzbasierte Freibetrag auf den in dem Niedrigsteuerhoheitsgebiet erzielten GloBE-Nettogewinn angewandt wird, um den in diesem Steuerhoheitsgebiet erzielten Übergewinn zu ermitteln,
- der Ergänzungssteuersatz mit diesem Übergewinn multipliziert und das Ergebnis gegebenenfalls um den Betrag einer anerkannten nationalen Mindestergänzungssteuer gekürzt wird, um die Ergänzungssteuer für das jeweilige Niedrigsteuerhoheitsgebiet zu bestimmen, und
- diese Ergänzungssteuer den Geschäftseinheiten in dem Niedrigsteuerhoheitsgebiet proportional zu ihrem GloBE-Gewinn zugerechnet wird.

Die sich daraus ergebende Ergänzungssteuer jeder niedrig besteuerten Geschäftseinheit wird dann gemäß Kapitel 2 bei einer Muttergesellschaft oder den in einem UTPR-Steuerhoheitsgebiet belegenen Geschäftseinheiten erhoben.

Dieses Kapitel enthält zudem eine De-minimis-Ausnahme für die im selben Steuerhoheitsgebiet belegenen Geschäftseinheiten, wenn deren Gesamtumsatzerlös und Gesamtgewinn bestimmte Schwellenwerte nicht überschreitet.

Artikel 5.6 enthält besondere Regeln für die Berechnung des effektiven Steuersatzes in Bezug auf in Minderheitseigentum stehende Geschäftseinheiten.

Artikel 5.1. Ermittlung des effektiven Steuersatzes

5.1.1. Der effektive Steuersatz der multinationalen Unternehmensgruppe für ein Steuerhoheitsgebiet, in dem die Gruppe einen GloBE-Nettogewinn verzeichnet, wird für jedes Geschäftsjahr berechnet. Der effektive Steuersatz der multinationalen Unternehmensgruppe für ein Steuerhoheitsgebiet entspricht der Summe der angepassten erfassten Steuern aller in dem Steuerhoheitsgebiet belegenen Geschäftseinheiten, geteilt durch den im betreffenden Geschäftsjahr in diesem Steuerhoheitsgebiet verzeichneten GloBE-Nettogewinn. Für die Zwecke von Kapitel 5 wird jede staatenlose Geschäftseinheit als eine einzelne Geschäftseinheit in einem eigenen Steuerhoheitsgebiet behandelt.

5.1.2. Der GloBE-Nettogewinn eines Steuerhoheitsgebiets für ein Geschäftsjahr ist der positive Betrag, sofern sich ein solcher ergibt, der nach folgender Formel berechnet wird:

$$\textit{GloBE-Nettogewinn} = \textit{GloBE-Gewinn aller Geschäftseinheiten} - \textit{GloBE-Verlust aller Geschäftseinheiten}$$

wobei

a) der GloBE-Gewinn aller Geschäftseinheiten die Summe der gemäß Kapitel 3 ermittelten GloBE-Gewinne aller in dem Steuerhoheitsgebiet belegenen Geschäftseinheiten für das Geschäftsjahr ist und

b) der GloBE-Verlust aller Geschäftseinheiten die Summe der gemäß Kapitel 3 ermittelten GloBE-Verluste aller in dem Steuerhoheitsgebiet belegenen Geschäftseinheiten für das Geschäftsjahr ist.

5.1.3. Angepasste erfasste Steuern und GloBE-Gewinne und -Verluste von Geschäftseinheiten, bei denen es sich um Investmentgesellschaften handelt, werden bei der Ermittlung des effektiven Steuersatzes nach Artikel 5.1.1 und bei der Ermittlung des GloBE-Nettogewinns nach Artikel 5.1.2 ausgenommen.

Artikel 5.2. Ergänzungssteuer

5.2.1. Der Ergänzungssteuersatz für ein Steuerhoheitsgebiet für ein Geschäftsjahr ist die positive Differenz in Prozentpunkten, sofern sich eine solche ergibt, die nach folgender Formel berechnet wird:

$$\textit{Ergänzungssteuersatz} = \textit{Mindeststeuersatz} - \textit{effektiver Steuersatz}$$

wobei es sich beim effektiven Steuersatz um den effektiven Steuersatz handelt, der nach Artikel 5.1 für das Steuerhoheitsgebiet für das Geschäftsjahr ermittelt wurde.

5.2.2. Der Übergewinn für das Steuerhoheitsgebiet für das Geschäftsjahr ist der positive Betrag, sofern sich ein solcher ergibt, der nach folgender Formel berechnet wird:

$$\textit{Übergewinn} = \textit{GloBE-Nettogewinn} - \textit{substanzbasierter Freibetrag}$$

wobei

a) es sich beim GloBE-Nettogewinn um den nach Artikel 5.1.2 für das Steuerhoheitsgebiet für das Geschäftsjahr ermittelten GloBE-Nettogewinn und

b) beim substanzbasierten Freibetrag um den substanzbasierten Freibetrag handelt, der gegebenenfalls nach Artikel 5.3 für das Steuerhoheitsgebiet für das Geschäftsjahr ermittelt wurde.

5.2.3. Die gebietsbezogene Ergänzungssteuer für ein Steuerhoheitsgebiet für ein Geschäftsjahr entspricht dem positiven Betrag, sofern sich ein solcher ergibt, der nach folgender Formel berechnet wird:

$$Gebietsbezogene\ Ergänzungssteuer = (Ergänzungssteuersatz\ x\ Übergewinn) + zusätzliche\ laufende\ Ergänzungssteuer - nationale\ Ergänzungssteuer$$

wobei

a) der Ergänzungssteuersatz die Differenz in Prozentpunkten ist, die nach Artikel 5.2.1 für das Steuerhoheitsgebiet für das Geschäftsjahr ermittelt wurde,

b) der Übergewinn der Übergewinn ist, der nach Artikel 5.2.2 für das Steuerhoheitsgebiet für das Geschäftsjahr ermittelt wurde,

c) die zusätzliche laufende Ergänzungssteuer der Betrag ist, der nach den Artikeln 4.1.5 bzw. 5.4.1 für das Steuerhoheitsgebiet für das Geschäftsjahr ermittelt bzw. als zusätzliche laufende Ergänzungssteuer für das laufende Jahr behandelt wird, und

d) die nationale Ergänzungssteuer der Betrag ist, der im Rahmen einer anerkannten nationalen Mindestergänzungssteuer des Steuerhoheitsgebiets für das Geschäftsjahr zu entrichten ist.

5.2.4. Sofern nicht anders unter Artikel 5.4.3 vorgesehen, wird die Ergänzungssteuer einer Geschäftseinheit nach folgender Formel für jede Geschäftseinheit eines Steuerhoheitsgebiets bestimmt, für die ein gemäß Kapitel 3 ermittelter GloBE-Gewinn in die Berechnung des GloBE-Nettogewinns dieses Steuerhoheitsgebiets für das Geschäftsjahr eingegangen ist:

$$Ergänzungssteuer\ einer\ Geschäftseinheit = gebietsbezogene\ Ergänzungssteuer\ x\ \frac{GloBE\text{-}Gewinn\ der\ Geschäftseinheit}{GloBE\text{-}Gesamtgewinn\ aller\ Geschäftseinheiten}$$

wobei

a) die gebietsbezogene Ergänzungssteuer die Ergänzungssteuer ist, die nach Artikel 5.2.3 für das Steuerhoheitsgebiet für das Geschäftsjahr ermittelt wurde,

b) der GloBE-Gewinn der Geschäftseinheit der GloBE-Gewinn der Geschäftseinheit ist, der nach Artikel 3.2 für das Steuerhoheitsgebiet für das Geschäftsjahr ermittelt wurde, und

c) es sich beim GloBE-Gesamtgewinn aller Geschäftseinheiten um die zusammengerechneten GloBE-Gewinne aller Geschäftseinheiten handelt, für die für das Geschäftsjahr ein GloBE-Gewinn in die Berechnung des GloBE-Nettogewinns gemäß Artikel 5.1.2 für das Steuerhoheitsgebiet für das Geschäftsjahr eingegangen ist.

5.2.5. Wenn die gebietsbezogene Ergänzungssteuer auf eine Neuberechnung nach Artikel 5.4.1 zurückgeht und für das Steuerhoheitsgebiet im laufenden Geschäftsjahr kein GloBE-Nettogewinn verzeichnet wurde, wird die Ergänzungssteuer nach der Formel in Artikel 5.2.4 auf der Grundlage der GloBE-Gewinne der Geschäftseinheiten in den Geschäftsjahren aufgeteilt, für die Neuberechnungen nach Artikel 5.4.1 vorgenommen wurden.

Artikel 5.3. Substanzbasierter Freibetrag

5.3.1. Der GloBE-Nettogewinn für das Steuerhoheitsgebiet wird um den substanzbasierten Freibetrag für das Steuerhoheitsgebiet gekürzt, um den Übergewinn zur Berechnung der Ergänzungssteuer nach Artikel 5.2 zu bestimmen. Eine erklärungspflichtige Geschäftseinheit hat ein jährliches Wahlrecht, den substanzbasierten Freibetrag für ein Steuerhoheitsgebiet nicht zu nutzen, indem sie diesen Freibetrag nicht berechnet oder ihn bei der Berechnung der Ergänzungssteuer für das Steuerhoheitsgebiet in der für das Geschäftsjahr eingereichten GloBE-Erklärung nicht geltend macht.

5.3.2. Der substanzbasierte -Freibetrag für ein Steuerhoheitsgebiet ist die Summe der Substanzausnahmen für Lohnkosten und materielle Vermögenswerte für jede Geschäftseinheit in diesem Steuerhoheitsgebiet mit Ausnahme von Geschäftseinheiten, bei denen es sich um Investmentgesellschaften handelt.

5.3.3. Die Substanzausnahme für Lohnkosten einer in einem Steuerhoheitsgebiet belegenen Geschäftseinheit entspricht 5 % der berücksichtigungsfähigen Lohnkosten der berücksichtigungsfähigen Beschäftigten, die Tätigkeiten für die multinationale Unternehmensgruppe in diesem Steuerhoheitsgebiet ausüben, mit Ausnahme von berücksichtigungsfähigen Lohnkosten, die

a) aktiviert wurden und im Buchwert der berücksichtigungsfähigen materiellen Vermögenswerte enthalten sind;

b) den Erträgen und anerkannten Nebenerträgen aus dem internationalen Seeverkehr nach Artikel 3.3.5 einer Geschäftseinheit zuzuordnen sind, die von der Berechnung des GloBE-Gewinns oder -Verlusts für das Geschäftsjahr ausgenommen werden.

5.3.4. Die Substanzausnahme für materielle Vermögenswerte einer in einem Steuerhoheitsgebiet belegenen Geschäftseinheit entspricht 5 % des Buchwerts der in diesem Steuerhoheitsgebiet belegenen berücksichtigungsfähigen materiellen Vermögenswerte. „Berücksichtigungsfähige materielle Vermögenswerte" bedeutet

a) Sachanlagen, die in diesem Steuerhoheitsgebiet belegen sind,

b) natürliche Ressourcen, die in diesem Steuerhoheitsgebiet belegen sind,

c) das Recht eines Leasingnehmers auf Nutzung materieller Vermögenswerte, die in diesem Steuerhoheitsgebiet belegen sind, und

d) eine staatliche Lizenz oder vergleichbare staatliche Regelung für die Nutzung von unbeweglichem Vermögen oder natürlichen Ressourcen, die mit erheblichen Investitionen in materielle Vermögenswerte verbunden ist.

Dabei wird der Buchwert von Sachanlagen wie Grundstücken und Gebäuden, die zu Veräußerungs-, Leasing- oder Kapitalanlagezwecken gehalten werden, nicht in die Berechnung der Substanzausnahme für materielle Vermögenswerte einbezogen. Der Buchwert von materiellen Vermögenswerten, die für die Erwirtschaftung von Erträgen und anerkannten Nebenerträgen aus dem internationalen Seeverkehr einer Geschäftseinheit genutzt werden (d. h. Schiffe und sonstige Seeverkehrsausrüstung und -infrastruktur), wird nicht in die Berechnung der Substanzausnahme für materielle Vermögenswerte einbezogen. Der Buchwert von materiellen Vermögenswerten, die den Nebenerträgen aus dem internationalen Seeverkehr einer Geschäftseinheit zuzuordnen sind, die über die in Artikel 3.3.4 für diese Erträge festgelegte Obergrenze hinausgehen, wird in die Berechnung der Substanzausnahme für materielle Vermögenswerte einbezogen.

5.3.5. Bei der Berechnung des Buchwerts der berücksichtigungsfähigen materiellen Vermögenswerte für die Zwecke von Artikel 5.3.4 wird der Durchschnitt der Buchwerte (abzüglich kumulierter Abschreibungen und substanzbedingter Wertminderungen und einschließlich etwaiger der Aktivierung von Lohnaufwendungen zuzuschreibender Beträge) jeweils zu Beginn und am Ende des Berichtsgeschäftsjahrs, die für die Erstellung des Konzernabschlusses der obersten Muttergesellschaft ausgewiesen wurden, zugrunde gelegt.

5.3.6. Für die Zwecke der Artikel 5.3.3 und 5.3.4 handelt es sich bei den berücksichtigungsfähigen Lohnkosten und den berücksichtigungsfähigen materiellen Vermögenswerten einer Geschäftseinheit, die eine Betriebsstätte ist, um diejenigen, die im eigenen Abschluss der Betriebsstätte nach Artikel 3.4.1 ausgewiesen und gemäß Artikel 3.4.2 angepasst wurden, vorausgesetzt, die berücksichtigungsfähigen Beschäftigten und die berücksichtigungsfähigen materiellen Vermögenswerte sind in dem Steuerhoheitsgebiet belegen, in dem auch die Betriebsstätte belegen ist. Die berücksichtigungsfähigen Lohnkosten und die berücksichtigungsfähigen materiellen Vermögenswerte einer Betriebsstätte werden nicht unter den berücksichtigungsfähigen Lohnkosten und den berücksichtigungsfähigen materiellen Vermögenswerten des Stammhauses erfasst. Die berücksichtigungsfähigen Lohnkosten und die berücksichtigungsfähigen materiellen Vermögenswerte einer Betriebsstätte, deren Gewinn gemäß den Artikeln 3.5.3 und 7.1.4 ganz oder teilweise ausgenommen wird, werden bei den Berechnungen des substanzbasierten Freibetrags der multinationalen Unternehmensgruppe im gleichen Verhältnis ausgenommen.

5.3.7. Für die Zwecke der Artikel 5.3.3 und 5.3.4 werden die berücksichtigungsfähigen Lohnkosten und die berücksichtigungsfähigen materiellen Vermögenswerte einer transparenten Gesellschaft, die nicht gemäß Artikel 5.3.6 zugerechnet werden, wie folgt zugerechnet:

a) Wenn der Jahresüberschuss oder -fehlbetrag der transparenten Gesellschaft gemäß Artikel 3.5.1 Buchstabe b dem gruppenzugehörigen Beteiligten der Gesellschaft zugerechnet wurde, dann werden die berücksichtigungsfähigen Lohnkosten und berücksichtigungsfähigen materiellen Vermögenswerte dem gruppenzugehörigen Beteiligten im gleichen Verhältnis zugerechnet, vorausgesetzt, dieser ist in dem Steuerhoheitsgebiet belegen, in dem auch die berücksichtigungsfähigen Beschäftigten und die berücksichtigungsfähigen materiellen Vermögenswerte belegen sind.

b) Wenn die transparente Gesellschaft die oberste Muttergesellschaft ist, dann werden die berücksichtigungsfähigen Lohnkosten und die berücksichtigungsfähigen materiellen Vermögenswerte, die in dem Steuerhoheitsgebiet belegen sind, in dem die oberste Muttergesellschaft belegen ist, dieser zugerechnet und proportional zu dem nach Artikel 7.1.1 ausgenommenen Gewinn gekürzt, und

c) alle anderen berücksichtigungsfähigen Lohnkosten und berücksichtigungsfähigen materiellen Vermögenswerte der transparenten Gesellschaft werden aus den Berechnungen des substanzbasierten Freibetrags der multinationalen Unternehmensgruppe ausgenommen.

Artikel 5.4. Zusätzliche laufende Ergänzungssteuer

5.4.1. Wenn der effektive Steuersatz und die Ergänzungssteuer für ein früheres Geschäftsjahr nach einem eine Anpassung des effektiven Steuersatzes beinhaltenden Artikel neu berechnet werden müssen oder dürfen,

a) werden der effektive Steuersatz und die Ergänzungssteuer für das frühere Geschäftsjahr gemäß den Regeln der Artikel 5.1 bis 5.3 nach Berücksichtigung der Anpassungen der angepassten erfassten Steuern und des GloBE-Gewinns oder -Verlusts, die nach den einschlägigen eine Anpassung des effektiven Steuersatzes beinhaltenden Artikeln erforderlich sind, neu berechnet und

b) wird ein etwaiger sich aus einer solchen Neuberechnung ergebender weiterer Ergänzungssteuerbetrag für die Zwecke von Artikel 5.2.3 als eine im laufenden Geschäftsjahr angefallene zusätzliche laufende Ergänzungssteuer behandelt.

5.4.2. Wenn infolge einer Neuberechnung nach Artikel 5.4.1 eine zusätzliche laufende Ergänzungssteuer anfällt und im Steuerhoheitsgebiet im laufenden Geschäftsjahr kein GloBE-Nettogewinn vorliegt, wird der GloBE-Gewinn jeder für die Zwecke von Artikel 2.2.2 in dem Steuerhoheitsgebiet belegenen Geschäftseinheit bestimmt, indem die dieser Geschäftseinheit nach den Artikeln 5.2.4 und 5.2.5 zugerechnete Ergänzungssteuer durch den Mindestsatz geteilt wird.

5.4.3. Wenn infolge der Wirkung von Artikel 4.1.5 eine zusätzliche laufende Ergänzungssteuer anfällt, wird der GloBE-Gewinn jeder für die Zwecke von Artikel 2.2.2 in dem Steuerhoheitsgebiet belegenen Geschäftseinheit bestimmt, indem die der betreffenden Geschäftseinheit nach diesem Artikel zuzurechnende Ergänzungssteuer durch den Mindestsatz geteilt wird. Der Betrag der zusätzlichen laufenden Ergänzungssteuer, der den einzelnen Geschäftseinheiten für die Zwecke dieses Artikels zuzurechnen ist, wird nur den Geschäftseinheiten zugerechnet, die einen Betrag angepasster erfasster Steuern ausweisen, der sich auf weniger als null und auf weniger als den GloBE-Gewinn oder -Verlust der betreffenden Geschäftseinheit multipliziert mit dem Mindestsatz beläuft. Die Zurechnung erfolgt für jede dieser Geschäftseinheiten anteilig auf der Grundlage des folgenden Betrags:

$$(\textit{GloBE-Gewinn oder -Verlust} \times \textit{Mindestsatz}) - \textit{angepasste erfasste Steuern}$$

5.4.4. Wird einer Geschäftseinheit eine zusätzliche laufende Ergänzungssteuer gemäß diesem Artikel und Artikel 5.2.4 zugerechnet, so wird diese Geschäftseinheit für die Zwecke von Kapitel 2 als niedrig besteuerte Geschäftseinheit behandelt.

Artikel 5.5. De-minimis-Ausnahme

5.5.1. Die erklärungspflichtige Geschäftseinheit hat ungeachtet der ansonsten bestehenden Anforderungen von Kapitel 5 das Wahlrecht, die Ergänzungssteuer der in einem Steuerhoheitsgebiet belegenen Geschäftseinheiten für ein Geschäftsjahr als gleich null zu behandeln, wenn in diesem Geschäftsjahr

a) der durchschnittliche GloBE-Umsatzerlös dieses Steuerhoheitsgebiets weniger als 10 Mio. EUR beträgt und

b) es sich beim durchschnittlichen GloBE-Gewinn oder -Verlust dieses Steuerhoheitsgebiets um einen Verlust oder einen Gewinn von weniger als 1 Mio. EUR handelt.

Bei diesem Wahlrecht handelt es sich um ein jährliches Wahlrecht.

5.5.2. Für die Zwecke von Artikel 5.5.1 ist der durchschnittliche GloBE-Umsatzerlös (oder GloBE-Gewinn oder -Verlust) eines Steuerhoheitsgebiets der Durchschnitt des in diesem Steuerhoheitsgebiet verzeichneten GloBE-Umsatzerlöses (oder GloBE-Gewinns oder -Verlusts) für das laufende und die zwei vorangegangenen Geschäftsjahre. Waren in dem Steuerhoheitsgebiet im ersten oder zweiten vorangegangenen Geschäftsjahr keine Geschäftseinheiten mit einem GloBE-Umsatzerlös oder einem GloBE-Verlust belegen, so sind dieses Geschäftsjahr bzw. diese Geschäftsjahre von der Berechnung des durchschnittlichen GloBE-Umsatzerlöses und des durchschnittlichen GloBE-Gewinns oder -Verlusts für das betreffende Steuerhoheitsgebiet auszunehmen.

5.5.3. Für die Zwecke von Artikel 5.5.2

a) entspricht der GloBE-Umsatzerlös eines Steuerhoheitsgebiets für ein Geschäftsjahr der Summe der Umsatzerlöse aller in dem Steuerhoheitsgebiet belegenen Geschäftseinheiten für dieses Geschäftsjahr unter Berücksichtigung der gemäß Kapitel 3 berechneten Anpassungen und

b) entspricht der GloBE-Gewinn oder -Verlust eines Steuerhoheitsgebiets für ein Geschäftsjahr dem in diesem Steuerhoheitsgebiet verzeichneten GloBE-Nettogewinn, sofern ein solcher verzeichnet wurde, oder dem in diesem Steuerhoheitsgebiet verzeichneten GloBE-Nettoverlust.

5.5.4. Die Inanspruchnahme des Wahlrechts nach Artikel 5.5 gilt nicht für eine Geschäftseinheit, bei der es sich um eine staatenlose Geschäftseinheit oder eine Investmentgesellschaft handelt, und der Umsatzerlös und der GloBE-Gewinn oder -Verlust einer staatenlosen Geschäftseinheit oder einer Investmentgesellschaft werden von den Berechnungen nach Artikel 5.5.3 ausgenommen.

Artikel 5.6. In Minderheitseigentum stehende Geschäftseinheiten

5.6.1. Die Berechnung des effektiven Steuersatzes und der Ergänzungssteuer für ein Steuerhoheitsgebiet gemäß den Kapiteln 3 bis 7 sowie Artikel 8.2 erfolgt in Bezug auf Mitglieder einer in Minderheitseigentum stehenden Untergruppe so, als bildeten sie eine selbstständige multinationale Unternehmensgruppe. Die angepassten erfassten Steuern und der GloBE-Gewinn oder -Verlust von Mitgliedern einer in Minderheitseigentum stehenden Untergruppe werden bei der Ermittlung des effektiven Steuersatzes nach Artikel 5.1.1 und des GloBE-Nettogewinns nach Artikel 5.1.2 der übrigen multinationalen Unternehmensgruppe ausgenommen.

5.6.2. Der effektive Steuersatz und die Ergänzungssteuer einer in Minderheitseigentum stehenden Geschäftseinheit, die nicht Mitglied einer in Minderheitseigentum stehenden Untergruppe ist, wird auf Ebene der Geschäftseinheit gemäß den Kapiteln 3 bis 7 sowie Artikel 8.2 ermittelt. Die angepassten erfassten Steuern und der GloBE-Gewinn oder -Verlust der in Minderheitseigentum stehenden Geschäftseinheit werden bei der Ermittlung des effektiven Steuersatzes nach Artikel 5.1.1 und des GloBE-Nettogewinns nach Artikel 5.1.2 der übrigen multinationalen Unternehmensgruppe ausgenommen. Diese Bestimmung gilt nicht, wenn es sich bei der in Minderheitseigentum stehenden Geschäftseinheit um eine Investmentgesellschaft handelt.

6 Unternehmensumstrukturierungen und Beteiligungsstrukturen

Funktionsweise der Vorschriften in diesem Kapitel

Kapitel 6 enthält Regeln in Bezug auf Übernahmen, Veräußerungen und Joint Ventures.

- In Ergänzung zu Artikel 1.1 enthält Artikel 6.1 weitere Regeln zur Anwendung des Schwellenwerts für den konsolidierten Umsatzerlös im Fall von Verschmelzungen und Spaltungen, die im vorangegangenen Vierjahreszeitraum erfolgt sind.
- Artikel 6.2 enthält besondere Regeln zur Anwendung der GloBE-Vorschriften für den Fall, dass eine Geschäftseinheit im Lauf des Geschäftsjahrs in eine multinationale Unternehmensgruppe eintritt oder aus einer multinationalen Unternehmensgruppe ausscheidet.
- Artikel 6.3 enthält besondere Regeln zur Behandlung von Übertragungen von Vermögenswerten und Verbindlichkeiten, auch im Rahmen von Neuorganisationen.
- Durch Artikel 6.4 werden bestimmte Joint Ventures in den Anwendungsbereich der GloBE-Vorschriften einbezogen.
- Artikel 6.5 enthält besondere Regeln für multinationale Unternehmensgruppen mit mehreren Muttergesellschaften.

Artikel 6.1. Anwendung des Schwellenwerts für den konsolidierten Umsatzerlös auf Gruppenverschmelzungen oder -spaltungen

6.1.1. Für die Zwecke von Artikel 1.1 gilt Folgendes:

a) Haben sich zwei oder mehr Unternehmensgruppen in einem der vier Geschäftsjahre vor dem untersuchten Geschäftsjahr zu einer einzigen Gruppe zusammengeschlossen, so gilt der Schwellenwert für den konsolidierten Umsatzerlös der multinationalen Unternehmensgruppe für jedes Geschäftsjahr vor der Verschmelzung als im betreffenden Jahr erreicht, wenn die Summe der Umsatzerlöse der einzelnen Gruppen gemäß Ausweis in ihren Konzernabschlüssen im betreffenden Jahr mindestens 750 Mio. EUR beträgt.

b) Wird eine keiner Gruppe angehörende Einheit (die „Zieleinheit) im untersuchten Geschäftsjahr mit einer Einheit oder Gruppe (der „erwerbenden Einheit“) verschmolzen und kann die Zieleinheit oder die erwerbende Einheit für eines der vier dem untersuchten Geschäftsjahr vorangegangenen Geschäftsjahre keinen Konzernabschluss vorlegen, weil sie in diesem Zeitraum keiner Gruppe angehörte, so gilt der Schwellenwert für den konsolidierten Umsatzerlös der multinationalen Unternehmensgruppe im betreffenden

Jahr als erreicht, wenn die Summe der Umsatzerlöse der Zieleinheit und der erwerbenden Einheit gemäß Ausweis in ihrem Einzel- bzw. Konzernabschluss mindestens 750 Mio. EUR beträgt.

c) Spaltet sich eine in den Anwendungsbereich der GloBE-Vorschriften fallende multinationale Unternehmensgruppe in zwei oder mehr Gruppen auf (die jeweils eine „abgespaltene Gruppe" bilden), so gilt der Schwellenwert für den konsolidierten Umsatzerlös unter den folgenden Bedingungen als von einer abgespaltenen Gruppe erreicht:

i. in Bezug auf das erste untersuchte Geschäftsjahr, das nach der Spaltung endet, wenn die abgespaltene Gruppe in diesem Jahr einen jährlichen Umsatzerlös von mindestens 750 Mio. EUR ausweist,

ii. in Bezug auf das zweite bis vierte untersuchte Geschäftsjahr, das nach der Spaltung endet, wenn die abgespaltene Gruppe in mindestens zwei auf das Jahr der Spaltung folgenden Geschäftsjahren einen jährlichen Umsatzerlös von mindestens 750 Mio. EUR ausweist.

6.1.2. Für die Zwecke von Artikel 6.1.1 ist eine Verschmelzung eine Vereinbarung,

a) bei der alle oder im Wesentlichen alle Einheiten von zwei oder mehr separaten Gruppen unter eine gemeinsame Kontrolle gebracht werden, sodass sie Einheiten einer zusammengeschlossenen Gruppe darstellen, oder

b) bei der eine Geschäftseinheit, die keiner Gruppe angehört, zusammen mit einer anderen Einheit oder einer Gruppe unter eine gemeinsame Kontrolle gebracht wird, sodass sie Einheiten einer zusammengeschlossenen Gruppe darstellen.

6.1.3. Für die Zwecke von Artikel 6.1.1 ist eine Spaltung eine Vereinbarung, nach der die Einheiten einer Gruppe in mindestens zwei getrennte Gruppen aufgeteilt werden, die nicht mehr von derselben obersten Muttergesellschaft konsolidiert werden.

Artikel 6.2. Austritt von Geschäftseinheiten aus und Beitritt von Geschäftseinheiten zu einer multinationalen Unternehmensgruppe

6.2.1. Soweit in Artikel 6.2.2 nicht anders vorgesehen, gelten die nachstehend aufgeführten Bestimmungen für den Fall, dass eine Einheit (die „Zieleinheit") infolge einer Übertragung von direkten oder indirekten Beteiligungen an dieser Einheit in einem Geschäftsjahr (dem „Erwerbsjahr") zu einer Geschäftseinheit einer multinationalen Unternehmensgruppe wird oder aufhört, eine Geschäftseinheit einer multinationalen Unternehmensgruppe zu sein.

a) Wenn die Zieleinheit in eine Unternehmensgruppe eintritt oder aus einer Unternehmensgruppe austritt oder zur obersten Muttergesellschaft einer neuen Gruppe wird, so wird sie für die Zwecke der GloBE-Vorschriften als zu der Gruppe gehörend behandelt, sofern irgendein Teil ihrer Vermögenswerte, Verbindlichkeiten, Erträge, Aufwendungen und Cashflows im Erwerbsjahr Posten für Posten in den Konzernabschluss der obersten Muttergesellschaft einbezogen wurde.

b) Im Erwerbsjahr berücksichtigt die multinationale Unternehmensgruppe den Jahresüberschuss oder -fehlbetrag und die angepassten erfassten Steuern der Zieleinheit für die Zwecke der Anwendung der GloBE-Vorschriften nur insoweit, als sie im Konzernabschluss der obersten Muttergesellschaft berücksichtigt wurden.

c) Im Erwerbsjahr und in jedem nachfolgenden Jahr bestimmt die Zieleinheit ihren GloBE-Gewinn oder -Verlust und ihre angepassten erfassten Steuern auf der Grundlage des historischen Buchwerts ihrer Vermögenswerte und Verbindlichkeiten.

d) Bei der Berechnung der berücksichtigungsfähigen Lohnkosten der Zieleinheit nach Artikel 5.3.3 werden lediglich die Kosten einbezogen, die im Konzernabschluss der obersten Muttergesellschaft erfasst sind.

e) Die Berechnung des Buchwerts der berücksichtigungsfähigen materiellen Vermögenswerte der Zieleinheit für die Zwecke von Artikel 5.3.4 erfolgt anteilig für den Zeitraum des Geschäftsjahrs, in dem die Zieleinheit der multinationalen Unternehmensgruppe angehörte.

f) Mit Ausnahme des latenten GloBE-Verlust-Steueranspruchs sind die aktiven und passiven latenten Steuern einer Zieleinheit, die zwischen multinationalen Unternehmensgruppen übertragen werden, von der erwerbenden multinationalen Unternehmensgruppe im Rahmen der GloBE-Vorschriften in der gleichen Weise und im gleichen Umfang zu berücksichtigen, wie dies der Fall gewesen wäre, wenn die Geschäftseinheit zum Zeitpunkt des Entstehens dieser latenten Steueransprüche oder -verbindlichkeiten von der erwerbenden multinationalen Unternehmensgruppe kontrolliert worden wäre.

g) Latente Steuerverbindlichkeiten der Zieleinheit, die zuvor in den Gesamtbetrag der Anpassung um latente Steuern einbezogen wurden, sind von der veräußernden multinationalen Unternehmensgruppe für die Zwecke von Artikel 4.4.4 als aufgelöst und von der erwerbenden multinationalen Unternehmensgruppe für die Zwecke von Artikel 4.4.4 als im Erwerbsjahr entstanden zu behandeln; eine spätere Verringerung der erfassten Steuern gemäß Artikel 4.4.4 entfaltet in solchen Fällen allerdings in dem Jahr Wirkung, in dem der Betrag nachversteuert wird.

h) Ist die Zieleinheit im Erwerbsjahr eine Muttergesellschaft und gehört sie zwei oder mehr multinationalen Unternehmensgruppen an, so wendet sie die Bestimmungen der IIR gesondert auf die ihr zuzurechnenden Anteile an der Ergänzungssteuer der niedrig besteuerten Geschäftseinheiten an, die für jede dieser multinationalen Unternehmensgruppen ermittelt wurden.

6.2.2. Für die Zwecke der GloBE-Vorschriften wird der Erwerb oder die Veräußerung einer Kontrollbeteiligung an einer Geschäftseinheit als Erwerb oder Veräußerung der Vermögenswerte und Verbindlichkeiten behandelt, sofern das Steuerhoheitsgebiet, in dem die Zielgeschäftseinheit belegen ist, oder – im Fall einer volltransparenten Gesellschaft – das Steuerhoheitsgebiet, in dem die Vermögenswerte belegen sind, den Erwerb oder die Veräußerung dieser Kontrollbeteiligung in gleicher oder vergleichbarer Weise behandelt wie einen Erwerb oder eine Veräußerung der Vermögenswerte und Verbindlichkeiten und die veräußernde Einheit auf der Grundlage der Differenz zwischen der Steuerbemessungsgrundlage und der für die Kontrollbeteiligung gezahlten Vergütung bzw. dem beizulegenden Zeitwert der Vermögenswerte und Verbindlichkeiten mit einer erfassten Steuer belegt.

Artikel 6.3. Übertragung von Vermögenswerten und Verbindlichkeiten

6.3.1. Bei einer Veräußerung oder einem Erwerb von Vermögenswerten und Verbindlichkeiten bezieht die veräußernde Geschäftseinheit den Gewinn oder Verlust aus der Veräußerung in die Berechnung ihres GloBE-Gewinns oder -Verlusts ein; die erwerbende Geschäftseinheit ermittelt ihren GloBE-Gewinn oder -Verlust auf der Grundlage des von ihr ausgewiesenen Buchwerts der erworbenen Vermögenswerte und Verbindlichkeiten, der nach dem zur Erstellung des Konzernabschlusses der obersten Muttergesellschaft verwendeten Rechnungslegungsstand ermittelt wird.

6.3.2. Erfolgt die Veräußerung oder der Erwerb von Vermögenswerten und Verbindlichkeiten im Rahmen einer GloBE-Neuorganisation, ist Artikel 6.3.1 nicht anwendbar, und

a) die veräußernde Geschäftseinheit berechnet ihren GloBE-Gewinn oder -Verlust unter Ausschluss aller Gewinne oder Verluste aus der Veräußerung und

b) die erwerbende Geschäftseinheit bestimmt ihren GloBE-Gewinn oder -Verlust nach dem Erwerb auf der Grundlage der von der veräußernden Geschäftseinheit ausgewiesenen Buchwerte der erworbenen Vermögenswerte und Verbindlichkeiten im Zeitpunkt der Veräußerung.

6.3.3. Erfolgt die Veräußerung oder der Erwerb von Vermögenswerten und Verbindlichkeiten im Rahmen einer GloBE-Neuorganisation, bei der die veräußernde Geschäftseinheit nicht qualifizierte Gewinne oder Verluste verbucht, sind die Artikel 6.3.1 und 6.3.2 nicht anwendbar, und

a) die veräußernde Geschäftseinheit berechnet ihren GloBE-Gewinn oder -Verlust unter Einbeziehung der Gewinne oder Verluste aus der Veräußerung bis zur Höhe der nicht qualifizierten Gewinne oder Verluste und

b) die erwerbende Geschäftseinheit bestimmt ihren GloBE-Gewinn oder -Verlust nach dem Erwerb auf der Grundlage des von der veräußernden Geschäftseinheit ausgewiesenen Buchwerts der erworbenen Vermögenswerte und Verbindlichkeiten im Zeitpunkt der Veräußerung, der gemäß den inländischen Steuervorschriften zur Berücksichtigung der nicht qualifizierten Gewinne oder Verluste angepasst wird.

6.3.4. Ist eine Geschäftseinheit einer multinationalen Unternehmensgruppe im Steuerhoheitsgebiet ihrer Belegenheit verpflichtet oder berechtigt, die Bemessungsgrundlage ihrer Vermögenswerte und die Höhe ihrer Verbindlichkeiten für Steuerzwecke an den beizulegenden Zeitwert anzupassen, wird sie, sofern die erklärungspflichtige Geschäftseinheit ein entsprechendes Wahlrecht in Anspruch nimmt,

a) bei der Berechnung ihres GloBE-Gewinns oder -Verlusts einen Gewinn- oder Verlustbetrag für jeden ihrer Vermögenswerte und jede ihrer Verbindlichkeiten berücksichtigen, der

   i. der Differenz zwischen dem für Rechnungslegungszwecke ermittelten Buchwert des Vermögenswerts oder der Verbindlichkeit unmittelbar vor dem Datum des auslösenden Ereignisses für die steuerliche Anpassung („auslösendes Ereignis") und dem beizulegenden Zeitwert des Vermögenswerts oder der Verbindlichkeit unmittelbar nach dem auslösenden Ereignis entspricht und

   ii. um die nicht qualifizierten Gewinne (oder Verluste) gemindert (bzw. erhöht) wird, die gegebenenfalls in Verbindung mit dem auslösenden Ereignis entstehen,

b) bei der Ermittlung Ihres GloBE-Gewinns oder -Verlusts für die nach dem auslösenden Ereignis endenden Geschäftsjahre den für Rechnungslegungszwecke ermittelten beizulegenden Zeitwert des Vermögenswerts oder der Verbindlichkeit unmittelbar nach dem auslösenden Ereignis verwenden,

c) in ihrem GloBE-Gewinn oder -Verlust den Gesamtsaldo der gemäß Artikel 6.3.4 Buchstabe a ermittelten Beträge berücksichtigen, und zwar entweder

i. indem im Geschäftsjahr des auslösenden Ereignisses der Gesamtsaldo in voller Höhe angesetzt wird oder

ii. indem im Geschäftsjahr des auslösenden Ereignisses und in den vier darauffolgenden Geschäftsjahren jeweils ein Fünftel des Gesamtsaldos angesetzt wird; scheidet die Geschäftseinheit in diesem Zeitraum aus der multinationalen Unternehmensgruppe aus, ist der verbleibende Betrag allerdings in voller Höhe im Geschäftsjahr des Ausscheidens anzusetzen.

Artikel 6.4. Joint Ventures

6.4.1. Für Joint Ventures und ihre Tochtergesellschaften kommen die GloBE-Vorschriften wie folgt für jedes Geschäftsjahr zur Anwendung:

a) Kapitel 3 bis 7 sowie Artikel 8.2 sind für die Zwecke der Berechnung einer etwaigen Ergänzungssteuer des Joint Venture und seiner Tochtergesellschaften so anzuwenden, als handle es sich bei den Tochtergesellschaften um Geschäftseinheiten einer selbstständigen multinationalen Unternehmensgruppe und bei dem Joint Venture um deren oberste Muttergesellschaft.

b) Eine Muttergesellschaft, die eine direkte oder indirekte Beteiligung an einem Joint Venture oder an einer seiner Tochtergesellschaften hält, wendet die IIR gemäß den Artikeln 2.1 bis 2.3 auf den ihr zuzurechnenden Anteil an der Ergänzungssteuer eines Mitglieds der Joint-Venture-Gruppe an.

c) Die Ergänzungssteuer der Joint-Venture-Gruppe wird um den jeder Muttergesellschaft zuzurechnenden Anteil an der Ergänzungssteuer jedes Mitglieds der Joint-Venture-Gruppe gekürzt, die nach einer anerkannten IIR gemäß Buchstabe b zu entrichten ist; der gegebenenfalls verbleibende Betrag ist dem Gesamtbetrag der UTPR-Ergänzungssteuer gemäß Artikel 2.5.1 hinzuzufügen.

Artikel 6.5. Multinationale Unternehmensgruppen mit mehreren Muttergesellschaften

6.5.1. Für multinationale Unternehmensgruppen mit mehreren Muttergesellschaften gelten folgende Bestimmungen:

a) Die Einheiten und Geschäftseinheiten jeder Gruppe werden für die Zwecke der GloBE-Vorschriften als Mitglieder einer einzigen multinationalen Unternehmensgruppe (der „multinationalen Unternehmensgruppe mit mehreren Muttergesellschaften") behandelt.

b) Eine Einheit (die keine freigestellte Einheit ist) wird als Geschäftseinheit behandelt, wenn sie Posten für Posten von der multinationalen Unternehmensgruppe mit mehreren Muttergesellschaften konsolidiert oder wenn die Kontrollbeteiligungen an ihr von Einheiten gehalten werden, die der multinationalen Unternehmensgruppe mit mehreren Muttergesellschaften angehören.

c) Der Konzernabschluss der multinationalen Unternehmensgruppe mit mehreren Muttergesellschaften ist der Konzernabschluss, auf den in der Definition zu „Verbundstruktur" bzw. der Definition zu „Konstruktion mit zweifacher Börsennotierung" verwiesen wird und der nach einem anerkannten Rechnungslegungsstandard erstellt wurde, der als der Rechnungslegungsstandard der obersten Muttergesellschaft betrachtet wird.

d) Die obersten Muttergesellschaften der separaten Gruppen, die zusammen die multinationale Unternehmensgruppe mit mehreren Muttergesellschaften bilden, sind die obersten Muttergesellschaften der multinationalen Unternehmensgruppe mit mehreren Muttergesellschaften (bei Anwendung der GloBE-Vorschriften auf eine multinationale Unternehmensgruppe mit mehreren Muttergesellschaften gelten Verweise auf eine oberste Muttergesellschaft gegebenenfalls als Verweise auf mehrere oberste Muttergesellschaften).

e) Die in [Namen des umsetzenden Steuerhoheitsgebiets einfügen] belegenen Muttergesellschaften der multinationalen Unternehmensgruppe mit mehreren Muttergesellschaften (einschließlich jeder ihrer obersten Muttergesellschaften) wenden die IIR gemäß den Artikeln 2.1 bis 2.3 in Bezug auf den ihnen zuzurechnenden Anteil an der Ergänzungssteuer der niedrig besteuerten Geschäftseinheit an.

f) Alle in [Namen des umsetzenden Steuerhoheitsgebiets einfügen] belegene Geschäftseinheiten der multinationalen Unternehmensgruppe mit mehreren Muttergesellschaften wenden die UTPR entsprechend den Artikeln 2.4 bis 2.6 an und berücksichtigen dabei die Ergänzungssteuer jeder niedrig besteuerten Geschäftseinheit der multinationalen Unternehmensgruppe mit mehreren Muttergesellschaften.

g) Die GloBE-Erklärung ist von den obersten Muttergesellschaften der multinationalen Unternehmensgruppe mit mehreren Muttergesellschaften gemäß Artikel 8.1 einzureichen, es sei denn, diese bestimmen hierfür eine einzige beauftragte erklärungspflichtige Einheit; in diesem Fall enthält die Erklärung die Angaben zu jeder der Gruppen, aus denen sich die multinationale Unternehmensgruppe mit mehreren Muttergesellschaften zusammensetzt.

7 Steuerneutralitätsregelungen und Ausschüttungssteuersysteme

Funktionsweise der Vorschriften in diesem Kapitel

Kapitel 7 behandelt die Anwendung der GloBE-Vorschriften auf bestimmte Steuerneutralitäts- und sonstige Ausschüttungssteuerregelungen.

- Die Artikel 7.1 und 7.2 enthalten besondere Regeln im Zusammenhang mit obersten Muttergesellschaften, die einer Steuerneutralitätsregelung unterliegen (beispielsweise einer Steuertransparenzregelung oder einer Regelung für abzugsfähige Dividenden).
- Artikel 7.3 enthält besondere Regeln im Zusammenhang mit bestimmten Steuersystemen, die die Gewinne einer Einheit dann besteuern, wenn diese Gewinne tatsächlich oder fiktiv ausgeschüttet werden.
- Die Artikel 7.4 bis 7.6 enthalten besondere Regeln im Zusammenhang mit kontrollierten Investmentgesellschaften, die die Steuerneutralität dieser Einheiten wahren sollen, ohne dass es zu Einbußen bei nach den GloBE-Vorschriften zu zahlenden Steuern kommt.

Artikel 7.1. Oberste Muttergesellschaft, die eine transparente Gesellschaft ist

7.1.1. Der in einem Geschäftsjahr verzeichnete GloBE-Gewinn einer transparenten Gesellschaft, die die oberste Muttergesellschaft einer multinationalen Unternehmensgruppe ist, wird um den Betrag des GloBE-Gewinns gekürzt, der den einzelnen Beteiligungen zuzurechnen ist, sofern

a) der Inhaber der jeweiligen Beteiligung im Hinblick auf diesen Gewinn für einen Veranlagungszeitraum, der binnen zwölf Monaten nach dem Ende des Geschäftsjahrs der multinationalen Unternehmensgruppe endet, steuerpflichtig ist und

   i. der Inhaber der Beteiligung im Hinblick auf den vollen Betrag dieses Gewinns einem nominalen Steuersatz unterliegt, der dem Mindeststeuersatz entspricht oder diesen übersteigt, oder

   ii. nach vernünftigem Ermessen davon ausgegangen werden kann, dass der Betrag der angepassten erfassten Steuern der obersten Muttergesellschaft und der Steuern des Inhabers der Beteiligung auf diesen Gewinn zusammengenommen dem Betrag, der sich aus der Multiplikation des vollen Betrags dieses Gewinns mit dem Mindeststeuersatz ergibt, entspricht oder diesen übersteigt, oder

b) der Inhaber eine natürliche Person ist, die

i. im Steuerhoheitsgebiet der obersten Muttergesellschaft steuerlich ansässig ist und

ii. Beteiligungen hält, die ihr zusammengenommen Anspruch auf höchstens 5 % der Gewinne und Vermögenswerte der obersten Muttergesellschaft geben, oder

c. der Inhaber eine staatliche Einheit, eine internationale Organisation, eine Organisation ohne Erwerbszweck oder ein Pensionsfonds ist, die bzw. der

i. im Steuerhoheitsgebiet der obersten Muttergesellschaft ansässig ist und

ii. Beteiligungen hält, die ihr oder ihm zusammengenommen Anspruch auf höchstens 5 % der Gewinne und Vermögenswerte der obersten Muttergesellschaft geben.

7.1.2. Bei der Berechnung ihres GloBE-Verlusts für ein Geschäftsjahr kürzt eine transparente Gesellschaft, die die oberste Muttergesellschaft einer multinationalen Unternehmensgruppe ist, ihren GloBE-Verlust für das betreffende Geschäftsjahr um den Betrag des GloBE-Verlusts, der den einzelnen Beteiligungen zuzurechnen ist, außer soweit es den Inhabern der Beteiligungen nicht gestattet ist, den Verlust für die Berechnung ihres eigenen steuerpflichtigen Gewinns heranzuziehen.

7.1.3. Eine transparente Gesellschaft, die ihren GloBE-Gewinn gemäß Artikel 7.1.1 kürzt, kürzt den Betrag ihrer erfassten Steuern im gleichen Verhältnis.

7.1.4. Die Artikel 7.1.1 bis 7.1.3 gelten für eine Betriebsstätte,

a) über die eine transparente Gesellschaft, die die oberste Muttergesellschaft einer multinationalen Unternehmensgruppe ist, ihre Geschäftstätigkeit ganz oder teilweise ausübt oder

b) über die die Geschäftstätigkeit einer volltransparenten Gesellschaft ganz oder teilweise ausgeübt wird, sofern die Beteiligung der obersten Muttergesellschaft an dieser volltransparenten Gesellschaft direkt oder über eine volltransparente Struktur gehalten wird.

Artikel 7.2. Oberste Muttergesellschaft, die einer Regelung für abzugsfähige Dividenden unterliegt

7.2.1. Für die Zwecke der Berechnung ihres GloBE-Gewinns oder -Verlusts für ein Geschäftsjahr kürzt eine oberste Muttergesellschaft, die einer Regelung für abzugsfähige Dividenden unterliegt, ihren GloBE-Gewinn für dieses Geschäftsjahr um den Betrag, der binnen zwölf Monaten nach Ende des Geschäftsjahrs als abzugsfähige Dividende ausgeschüttet wird (ohne dass dieser Gewinn jedoch unter null sinken kann), sofern

a) die Dividende für einen Veranlagungszeitraum, der binnen zwölf Monaten nach dem Ende des Geschäftsjahrs der multinationalen Unternehmensgruppe endet, der Besteuerung beim Empfänger unterliegt und

i. der Dividendenempfänger im Hinblick auf diese Dividende einem nominalen Steuersatz unterliegt, der dem Mindeststeuersatz entspricht oder diesen übersteigt,

ii. nach vernünftigem Ermessen davon ausgegangen werden kann, dass der Betrag der angepassten erfassten Steuern der obersten Muttergesellschaft und der vom Empfänger für die Dividendenerträge gezahlten Steuern zusammengenommen mindestens dem Betrag entspricht, der sich aus der Multiplikation des vollen Betrags dieser Erträge mit dem Mindeststeuersatz ergibt, oder

iii. der Dividendenempfänger eine natürliche Person ist und es sich bei der Dividende um eine Genossenschaftsdividende einer Versorgungsgenossenschaft handelt, oder

b) der Dividendenempfänger eine natürliche Person ist, die

i. im Steuerhoheitsgebiet der obersten Muttergesellschaft steuerlich ansässig ist und

ii. Beteiligungen hält, die ihr zusammengenommen Anspruch auf höchstens 5 % der Gewinne und Vermögenswerte der obersten Muttergesellschaft geben, oder

c) der Dividendenempfänger im Steuerhoheitsgebiet der obersten Muttergesellschaft ansässig ist und

i. eine staatliche Einheit,

ii. eine internationale Organisation,

iii. eine Organisation ohne Erwerbszweck oder

iv. ein Pensionsfonds, bei dem es sich nicht um eine Altersvorsorge-Dienstleistungsgesellschaft handelt, ist.

7.2.2. Eine oberste Muttergesellschaft, die ihren GloBE-Gewinn gemäß Artikel 7.2.1 kürzt, kürzt den Betrag ihrer erfassten Steuern im gleichen Verhältnis (mit Ausnahme der Steuern, für die der Dividendenabzug gewährt wurde) und kürzt ihren GloBE-Gewinn um denselben Betrag.

7.2.3. Hält die oberste Muttergesellschaft eine Beteiligung an einer anderen Geschäftseinheit, die einer Regelung für abzugsfähige Dividenden unterliegt (sei es direkt oder über eine Kette solcher Geschäftseinheiten), so gelten die Artikel 7.2.1 und 7.2.2 für jede andere im Steuerhoheitsgebiet der obersten Muttergesellschaft belegene Geschäftseinheit, die der Regelung für abzugsfähige Dividenden unterliegt, soweit ihr GloBE-Gewinn von der obersten Muttergesellschaft weiter an Dividendenempfänger ausgeschüttet wird, die die Anforderungen von Artikel 7.2.1 erfüllen.

7.2.4. Genossenschaftsdividenden einer Versorgungsgenossenschaft sind steuerpflichtig, soweit sie die Aufwendungen oder Kosten senken, die bei der Berechnung des steuerpflichtigen Gewinns des Dividendenempfängers abzugsfähig sind.

Artikel 7.3. Berücksichtigungsfähige Ausschüttungssteuersysteme

7.3.1. Eine erklärungspflichtige Geschäftseinheit kann in Bezug auf eine Geschäftseinheit, die einem berücksichtigungsfähigen Ausschüttungssteuersystem unterliegt, ein jährliches Wahlrecht in Anspruch nehmen, um den Betrag der nach Artikel 7.3.2 ermittelten Steuer auf fiktive Ausschüttungen zu den angepassten erfassten Steuern der Geschäftseinheit für das Geschäftsjahr hinzuzurechnen. Wenn dieses Wahlrecht in Anspruch genommen wird, ist es auf alle in dem Steuerhoheitsgebiet belegenen Geschäftseinheiten anzuwenden.

7.3.2. Der Betrag der Steuer auf fiktive Ausschüttungen entspricht dem niedrigeren der beiden folgenden Beträge:

a) dem Betrag an angepassten erfassten Steuern, der notwendig ist, um den nach Artikel 5.2.1 berechneten effektiven Steuersatz für das Steuerhoheitsgebiet für das Geschäftsjahr auf den Mindeststeuersatz anzuheben, oder

b) dem Betrag an Steuern, der fällig gewesen wäre, wenn die in dem Steuerhoheitsgebiet belegenen Geschäftseinheiten ihren gesamten Gewinn, der einem berücksichtigungsfähigen Ausschüttungssteuersystem unterliegt, in diesem Geschäftsjahr ausgeschüttet hätten.

7.3.3. Für jedes Geschäftsjahr, auf das das Wahlrecht nach Artikel 7.3.1 Anwendung findet, wird ein jährliches Nachversteuerungskonto für fiktive Ausschüttungen gebildet. Ein Nachversteuerungskonto für fiktive Ausschüttungen wird um den Betrag der Steuern auf fiktive Ausschüttungen gemehrt, der gemäß Artikel 7.3.2 für das Steuerhoheitsgebiet für das Geschäftsjahr, für das es gebildet wurde, ermittelt wurde. Am Ende jedes folgenden Geschäftsjahrs werden die offenen Salden der für frühere Geschäftsjahre gebildeten Nachversteuerungskonten für fiktive Ausschüttungen in chronologischer Reihenfolge jeweils bis zu ihrem vollen Betrag um die folgenden Posten gemindert, ohne jedoch unter null sinken zu können:

a) zunächst um die Steuern, die von den Geschäftseinheiten während des Geschäftsjahrs in Bezug auf tatsächliche oder fiktive Ausschüttungen entrichtet wurden,

b) dann um den Betrag eines etwaigen GloBE-Nettoverlusts des Steuerhoheitsgebiets, multipliziert mit dem Mindeststeuersatz, und

c) dann um einen etwaigen im laufenden Geschäftsjahr nach Artikel 7.3.4 geltend gemachten Verlustvortrag aus den Nachversteuerungskonten.

7.3.4. Ein Verlustvortrag aus den Nachversteuerungskonten wird für das Steuerhoheitsgebiet angesetzt, wenn der in Artikel 7.3.3 Buchstabe b beschriebene Betrag den offenen Saldo der Nachversteuerungskonten für fiktive Ausschüttungen übersteigt. Der Verlustvortrag aus den Nachversteuerungskonten entspricht der Höhe dieses übersteigenden Betrags und wird in den folgenden Geschäftsjahren als Minderung der Nachversteuerungskonten für fiktive Ausschüttungen dieser Geschäftsjahre berücksichtigt. Wird ein solcher Betrag in einem folgenden Geschäftsjahr berücksichtigt, so muss der Verlustvortrag aus den Nachversteuerungskonten um diesen Betrag gemindert werden.

7.3.5. Hat ein (gemäß Artikel 7.3.3 geführtes) Nachversteuerungskonto für fiktive Ausschüttungen am letzten Tag des vierten Geschäftsjahrs nach dem Geschäftsjahr, für das dieses Konto gebildet wurde, noch einen offenen Saldo, müssen der effektive Steuersatz und die Ergänzungssteuer für das Geschäftsjahr, für das das Konto gebildet wurde, gemäß Artikel 5.4.1 neu berechnet werden, indem der Saldo des Nachversteuerungskontos für fiktive Ausschüttungen als Minderung der zuvor für dieses Jahr ermittelten angepassten erfassten Steuern behandelt wird.

7.3.6. Steuern, die während des Geschäftsjahrs im Zusammenhang mit tatsächlichen oder fiktiven Ausschüttungen entrichtet werden, werden nicht unter den angepassten erfassten Steuern berücksichtigt, soweit sie ein Nachversteuerungskonto für fiktive Ausschüttungen gemäß Artikel 7.3.3 mindern.

7.3.7. In dem Geschäftsjahr, in dem eine ausscheidende Geschäftseinheit die multinationale Unternehmensgruppe verlässt oder im Wesentlichen alle ihre Vermögenswerte überträgt,

a) werden der effektive Steuersatz und die Ergänzungssteuer für jedes vorangegangene Jahr, für das ein Nachversteuerungskonto für fiktive Ausschüttungen einen offenen Saldo aufweist, gemäß den Prinzipien von Artikel 5.4.1 neu berechnet, indem der Saldo des Nachversteuerungskontos für fiktive Ausschüttungen als Minderung der zuvor für dieses Jahr ermittelten angepassten erfassten Steuern behandelt wird, und

b) wird ein etwaiger weiterer Ergänzungssteuerbetrag, der sich aus einer solchen Neuberechnung ergibt, mit dem Quotienten für die Nachversteuerung im Veräußerungsfall multipliziert, um die zusätzliche laufende Ergänzungssteuer für die Zwecke von Artikel 5.2.3 zu ermitteln.

7.3.8. Der Quotient für die Nachversteuerung im Veräußerungsfall wird für jede ausscheidende Geschäftseinheit anhand der folgenden Formel ermittelt:

$$\frac{\textit{GloBE-Gewinn der Geschäftseinheit}}{\textit{Nettogewinn des Steuerhoheitsgebiets}}$$

wobei

a) der GloBE-Gewinn der Geschäftseinheit die Summe der gemäß Kapitel 3 ermittelten GloBE-Gewinne der ausscheidenden Geschäftseinheit für jedes der Geschäftsjahre ist, auf die sich die Nachversteuerungskonten für fiktive Ausschüttungen für das Steuerhoheitsgebiet beziehen, und

b) der Nettogewinn des Steuerhoheitsgebiets die Summe der gemäß Artikel 5.1.2 ermittelten GloBE-Nettogewinne des Steuerhoheitsgebiets für jedes der Geschäftsjahre ist, auf die sich die Nachversteuerungskonten für fiktive Ausschüttungen für das Steuerhoheitsgebiet beziehen.

Artikel 7.4. Berechnung des effektiven Steuersatzes für Investmentgesellschaften

7.4.1. Artikel 7.4 gilt für Geschäftseinheiten, die unter die Definition einer Investmentgesellschaft fallen, außer im Fall von Investmentgesellschaften, bei denen es sich um volltransparente Gesellschaften handelt oder für die ein Wahlrecht nach Artikel 7.5 oder Artikel 7.6 in Anspruch genommen wurde.

7.4.2. Der effektive Steuersatz einer Investmentgesellschaft, bei der es sich um eine Geschäftseinheit handelt, wird getrennt vom effektiven Steuersatz des Steuerhoheitsgebiets berechnet, in dem sie belegen ist. Der effektive Steuersatz jeder derartigen Investmentgesellschaft entspricht den angepassten erfassten Steuern der Investmentgesellschaft, geteilt durch den der multinationalen Unternehmensgruppe zuzurechnenden Anteil an dem gemäß Kapitel 3 bestimmten GloBE-Gewinn der Investmentgesellschaft. Gibt es in dem Steuerhoheitsgebiet mehr als eine Investmentgesellschaft, so werden die angepassten erfassten Steuern und der der multinationalen Unternehmensgruppe zuzurechnende Anteil am GloBE-Gewinn oder -Verlust jeder Investmentgesellschaft für jede dieser Investmentgesellschaften ermittelt und dann zusammengenommen, um den effektiven Steuersatz aller dieser Investmentgesellschaften zu berechnen.

7.4.3. Die angepassten erfassten Steuern einer Investmentgesellschaft entsprechen der Summe der nach Artikel 4.1 für die Investmentgesellschaft ermittelten angepassten erfassten Steuern, die auf den der multinationalen Unternehmensgruppe zuzurechnenden Anteil am GloBE-Gewinn der Investmentgesellschaft entfallen, und der erfassten Steuern, die der Investmentgesellschaft nach Artikel 4.3 zuzurechnen sind. Die angepassten erfassten Steuern der Investmentgesellschaft umfassen keine von der Investmentgesellschaft abgegrenzten erfassten Steuern, die auf Gewinne entfallen, die nicht zu dem der multinationalen Unternehmensgruppe zuzurechnenden Anteil am GloBE-Gewinn der Investmentgesellschaft gehören.

7.4.4. Der der multinationalen Unternehmensgruppe zuzurechnende Anteil am GloBE-Gewinn der Investmentgesellschaft entspricht dem der obersten Muttergesellschaft zuzurechnenden Anteil am GloBE-Gewinn oder -Verlust der Investmentgesellschaft, welcher gemäß Artikel 2.2.2 ermittelt wird, wobei nur Beteiligungen berücksichtigt werden, für die kein Wahlrecht nach Artikel 7.5 oder Artikel 7.6 in Anspruch genommen wurde.

7.4.5. Der Betrag der Ergänzungssteuer einer Geschäftseinheit, bei der es sich um eine Investmentgesellschaft handelt, entspricht dem Ergänzungssteuersatz der Investmentgesellschaft multipliziert mit dem Betrag, um den der der multinationalen Unternehmensgruppe zuzurechnende Anteil am GloBE-Gewinn der Investmentgesellschaft den substanzbasierten Freibetrag für die Investmentgesellschaft übersteigt. Der Ergänzungssteuersatz einer Investmentgesellschaft ist die Differenz in Prozentpunkten, um die der Mindeststeuersatz gegebenenfalls den effektiven Steuersatz der Investmentgesellschaft übersteigt. Ist in dem Steuerhoheitsgebiet mehr als eine Investmentgesellschaft belegen, so werden der der multinationalen Unternehmensgruppe zuzurechnende Anteil am GloBE-Gewinn jeder Investmentgesellschaft und der substanzbasierte Freibetrag für jede dieser Investmentgesellschaften ermittelt und dann zusammengenommen, um den effektiven Steuersatz für alle in dem Steuerhoheitsgebiet belegenen Investmentgesellschaften zu berechnen.

7.4.6. Der substanzbasierte Freibetrag für eine Investmentgesellschaft wird nach den Prinzipien von Artikel 5.3 ungeachtet der Ausnahme in Artikel 5.3.2 ermittelt, wobei nur die berücksichtigungsfähigen materiellen Vermögenswerte und berücksichtigungsfähigen Lohnkosten der berücksichtigungsfähigen Beschäftigten der Investmentgesellschaften erfasst werden, welche proportional zu dem der multinationalen Unternehmensgruppe zuzurechnenden Anteil am GloBE-Gewinn der Investmentgesellschaft im Verhältnis zum gesamten GloBE-Gewinn der Investmentgesellschaft gekürzt wurden.

Artikel 7.5. Steuertransparenzwahlrecht für Investmentgesellschaften

7.5.1. Eine erklärungspflichtige Geschäftseinheit kann für eine Geschäftseinheit, bei der es sich um eine Investmentgesellschaft oder eine Versicherungsinvestmentgesellschaft handelt, ein Wahlrecht in Anspruch nehmen, um sie als volltransparente Gesellschaft zu behandeln, wenn der gruppenzugehörige Beteiligte dieser Gesellschaft im Steuerhoheitsgebiet seiner Belegenheit zum Marktwert oder nach einer vergleichbaren Regelung, die auf den jährlichen Veränderungen des beizulegenden Zeitwerts seiner Beteiligung an dieser Gesellschaft beruht, besteuert wird und der für den gruppenzugehörigen Beteiligten in Bezug auf solche Erträge geltende Steuersatz dem Mindeststeuersatz entspricht oder diesen übersteigt. Für diesen Zweck gilt eine Geschäftseinheit, die eine Beteiligung an einer Investmentgesellschaft oder einer Versicherungsinvestmentgesellschaft indirekt über eine direkte Beteiligung an einer anderen Investmentgesellschaft oder Versicherungsinvestmentgesellschaft hält, bezüglich ihrer indirekten Beteiligung an der erstgenannten Gesellschaft als zum Marktwert oder nach einer vergleichbaren Regelung besteuert, wenn sie bezüglich ihrer direkten Beteiligung an der letztgenannten Gesellschaft zum Marktwert oder nach einer vergleichbaren Regelung besteuert wird.

7.5.2. Das in diesem Artikel vorgesehene Wahlrecht ist ein Fünfjahreswahlrecht. Wird die Inanspruchnahme dieses Wahlrechts widerrufen, so werden die Gewinne oder Verluste aus der Veräußerung eines von der Investmentgesellschaft gehaltenen Vermögenswerts oder einer von der Investmentgesellschaft gehaltenen Verbindlichkeit auf der Grundlage des beizulegenden Zeitwerts der Vermögenswerte oder Verbindlichkeiten zum ersten Tag des Jahrs des Widerrufs bestimmt.

Artikel 7.6. Wahlrecht für steuerpflichtige Ausschüttungen von Investmentgesellschaften

7.6.1. Bei Inanspruchnahme eines entsprechenden Wahlrechts durch die erklärungspflichtige Geschäftseinheit kann ein gruppenzugehöriger Beteiligter, bei dem es sich nicht um eine Investmentgesellschaft handelt, die Methode für steuerpflichtige Ausschüttungen auf seine Beteiligung an einer Geschäftseinheit anwenden, bei der es sich um eine Investmentgesellschaft handelt, wenn nach vernünftigem Ermessen davon ausgegangen werden kann, dass der gruppenzugehörige Beteiligte für Ausschüttungen der Investmentgesellschaft einem Steuersatz unterliegt, der dem Mindeststeuersatz entspricht oder diesen übersteigt.

7.6.2. Nach der Methode für steuerpflichtige Ausschüttungen

a) werden Ausschüttungen und fiktive Ausschüttungen des GloBE-Gewinns der Investmentgesellschaft in den GloBE-Gewinn des gruppenzugehörigen Beteiligten einbezogen, der die Ausschüttung erhalten hat (außer wenn es sich bei diesem um eine Investmentgesellschaft handelt),

b) wird der anrechenbare inländische Steueraufschlag in den GloBE-Gewinn und die angepassten erfassten Steuern des gruppenzugehörigen Beteiligten einbezogen, der die Ausschüttung erhalten hat (außer wenn es sich bei diesem um eine Investmentgesellschaft handelt),

c) wird der proportionale Anteil des gruppenzugehörigen Beteiligten am nicht ausgeschütteten GloBE-Nettogewinn der Investmentgesellschaft für das untersuchte Jahr als GloBE-Gewinn der Investmentgesellschaft für das Berichtsgeschäftsjahr behandelt und wird der Betrag, der sich aus der Multiplikation dieses GloBE-Gewinns mit dem Mindeststeuersatz ergibt, für die Zwecke von Kapitel 2 als Ergänzungssteuer einer niedrig besteuerten Geschäftseinheit in dem Geschäftsjahr behandelt, und

d) werden der GloBE-Gewinn oder -Verlust der Investmentgesellschaft für das Geschäftsjahr und die gegebenenfalls auf diesen Gewinn entfallenden angepassten erfassten Steuern bei sämtlichen Berechnungen des effektiven Steuersatzes gemäß Kapitel 5 sowie den Artikeln 7.4.2 bis 7.4.5 ausgenommen, sofern Buchstabe b nichts anderes vorsieht.

7.6.3. Der nicht ausgeschüttete GloBE-Nettogewinn für ein Geschäftsjahr ist der GloBE-Gewinn der Investmentgesellschaft für das untersuchte Jahr, sofern ein solcher vorliegt, der um folgende Beträge gekürzt wird (ohne jedoch unter null sinken zu können):

a) erfasste Steuern der Investmentgesellschaft;

b) Ausschüttungen und fiktive Ausschüttungen im untersuchten Zeitraum an Gesellschafter, ausgenommen an Geschäftseinheiten, bei denen es sich um Investmentgesellschaften handelt;

c) im untersuchten Zeitraum entstehende GloBE-Verluste;

d) Vorträge von Anlageverlusten.

7.6.4. Ein nicht ausgeschütteter GloBE-Nettogewinn für das untersuchte Jahr kann nicht um Ausschüttungen oder fiktive Ausschüttungen gekürzt werden, soweit diese als Kürzung des nicht ausgeschütteten GloBE-Nettogewinns eines früheren untersuchten Jahres behandelt wurden. Bei der Berechnung des nicht ausgeschütteten GloBE-Nettogewinns wird ein GloBE-Verlust insoweit gekürzt, wie er zu einer Kürzung des nicht ausgeschütteten GloBE-Nettogewinns am Ende eines vorangegangenen Geschäftsjahrs geführt hat. Wenn ein GloBE-Verlust für ein Geschäftsjahr bis zum Ende des letzten untersuchten Zeitraums, der dieses Geschäftsjahr umfasst, nicht auf null gekürzt wurde, erfolgt für den Restbetrag ein Vortrag von Anlageverlusten, der in den folgenden Geschäftsjahren auf dieselbe Weise gekürzt wird wie ein GloBE-Verlust.

7.6.5. Für die Zwecke von Artikel 7.6

a) ist das untersuchte Jahr das dritte Jahr vor dem Berichtsgeschäftsjahr,

b) ist der untersuchte Zeitraum der Zeitraum, der mit dem ersten Tag des untersuchten Jahres beginnt und mit dem letzten Tag des Berichtsgeschäftsjahrs endet, in dem die Beteiligung von einer der Gruppe angehörenden Einheit gehalten wurde,

c) kommt es zu einer fiktiven Ausschüttung, wenn eine direkte oder indirekte Beteiligung an der Investmentgesellschaft an eine nicht der Unternehmensgruppe angehörende Einheit übertragen wird, und entspricht diese fiktive Ausschüttung dem proportionalen Anteil des nicht ausgeschütteten GloBE-Nettogewinns, der im Zeitpunkt der Übertragung auf diese Beteiligung entfällt (und der ohne Berücksichtigung der fiktiven Ausschüttung ermittelt wird), und

d) ist der anrechenbare inländische Steueraufschlag der Betrag der bei der Investmentgesellschaft angefallenen erfassten Steuern, der auf die Steuerverbindlichkeiten des gruppenzugehörigen Beteiligten, die im Zusammenhang mit einer Ausschüttung der Investmentgesellschaft entstehen, angerechnet werden kann.

7.6.6. Das in diesem Artikel vorgesehene Wahlrecht ist ein Fünfjahreswahlrecht. Wird die Inanspruchnahme des Wahlrechts widerrufen, so wird der proportionale Anteil des gruppenzugehörigen Beteiligten am nicht ausgeschütteten GloBE-Nettogewinn der Investmentgesellschaft für das untersuchte Jahr am Ende des Geschäftsjahrs vor dem Jahr des Widerrufs als GloBE-Gewinn der Investmentgesellschaft für das Jahr des Widerrufs behandelt, und wird der Betrag, der sich aus der Multiplikation dieses GloBE-Gewinns mit dem Mindeststeuersatz ergibt, im Jahr des Widerrufs als Ergänzungssteuer einer niedrig besteuerten Geschäftseinheit für die Zwecke von Kapitel 2 behandelt.

8 Verwaltung

Funktionsweise der Vorschriften in diesem Kapitel

Kapitel 8 behandelt bestimmte administrative Aspekte der GloBE-Vorschriften.

- Artikel 8.1 schafft eine Pflicht für multinationale Unternehmensgruppen zur Einreichung einer standardisierten Erklärung in allen Steuerhoheitsgebieten, die die GloBE-Vorschriften eingeführt haben; damit sollen Informationen zu den Steuerberechnungen geliefert werden, die das multinationale Unternehmen nach den GloBE-Vorschriften durchgeführt hat.
- Artikel 8.2 ermöglicht die Ausarbeitung bestimmter Safe-Harbour-Regelungen.
- Artikel 8.3 erleichtert die Abstimmung zwischen den Steuerverwaltungen bei der Anwendung der GloBE-Vorschriften durch die Erarbeitung vereinbarter administrativer Leitlinien.

Artikel 8.1. Erklärungspflicht

8.1.1. Vorbehaltlich von Artikel 8.1.2 reicht jede in [Namen des umsetzenden Steuerhoheitsgebiets einfügen] belegene Geschäftseinheit eine den Vorgaben der Artikel 8.1.4 bis 8.1.6 entsprechende GloBE-Erklärung bei der Steuerverwaltung von [Namen des umsetzenden Steuerhoheitsgebiets einfügen] ein. Diese Erklärung kann entweder von der Geschäftseinheit selbst oder, in ihrem Namen, von einer damit beauftragten inländischen Einheit eingereicht werden.

8.1.2. Eine Geschäftseinheit ist nicht dazu verpflichtet, eine GloBE-Erklärung bei der Steuerverwaltung von [Namen des umsetzenden Steuerhoheitsgebiets einfügen] einzureichen, wenn eine den Vorgaben der Artikel 8.1.4 bis 8.1.6 entsprechende GloBE-Erklärung von einer der folgenden Einheiten eingereicht wurde:

a) der obersten Muttergesellschaft, welche in einem Steuerhoheitsgebiet belegen ist, zwischen dem und [Namen des umsetzenden Steuerhoheitsgebiets einfügen] für das Berichtsgeschäftsjahr eine wirksame qualifizierte Vereinbarung zwischen den zuständigen Behörden besteht, oder

b) der beauftragten erklärungspflichtigen Einheit, welche in einem Steuerhoheitsgebiet belegen ist, zwischen dem und [Namen des umsetzenden Steuerhoheitsgebiets einfügen] für das Berichtsgeschäftsjahr eine wirksame qualifizierte Vereinbarung zwischen den zuständigen Behörden besteht.

8.1.3. Findet Artikel 8.1.2 Anwendung, so unterrichtet eine in [Namen des umsetzenden Steuerhoheitsgebiets einfügen] belegene Geschäftseinheit oder, in ihrem Namen, die damit beauftragte inländische Einheit die Steuerbehörde von [Namen des umsetzenden Steuerhoheitsgebiets einfügen] darüber, welche Einheit die GloBE-Erklärung einreichen wird und in welchem Steuerhoheitsgebiet diese belegen ist.

8.1.4. Für die GloBE-Erklärung wird ein gemäß dem OECD-Umsetzungsrahmen ausgearbeitetes Standardformular verwendet, das die folgenden Informationen über die multinationale Unternehmensgruppe enthält (die im Einklang mit dem GloBE-Umsetzungsrahmen präzisiert, erweitert oder eingeschränkt werden können, insbesondere durch die Festlegung vereinfachter Berichtsverfahren):

a) Nennung der Geschäftseinheiten, einschließlich ihrer Steueridentifikationsnummern (sofern vorhanden), des Steuerhoheitsgebiets ihrer Belegenheit und ihres Status gemäß den GloBE-Vorschriften,

b) Informationen über die Gesamtstruktur der multinationalen Unternehmensgruppe, einschließlich der Kontrollbeteiligungen an Geschäftseinheiten, die von anderen Geschäftseinheiten gehalten werden,

c) die erforderlichen Angaben zur Berechnung

   i. des effektiven Steuersatzes für jedes Steuerhoheitsgebiet und der Ergänzungssteuer jeder Geschäftseinheit gemäß Kapitel 5,

   ii. der Ergänzungssteuer eines Mitglieds der Joint-Venture-Gruppe gemäß Kapitel 6

   iii. der im Rahmen der IIR zuzurechnenden Ergänzungssteuer und des den einzelnen Steuerhoheitsgebieten zuzurechnenden UTPR-Ergänzungssteuerbetrags gemäß Kapitel 2,

d) eine Aufstellung der Wahlrechte, die im Einklang mit den einschlägigen GloBE-Vorschriften in Anspruch genommen wurden, und

e) sonstige Informationen, die im Rahmen des GloBE-Umsetzungsrahmens vereinbart wurden und für die Handhabung der GloBE-Vorschriften erforderlich sind.

8.1.5. Für die GloBE-Erklärung gelten die Begriffsbestimmungen und Anweisungen des Standardformulars, das gemäß dem GloBE-Umsetzungsrahmen ausgearbeitet wird.

8.1.6. Die GloBE-Erklärung und die nach diesem Artikel vorgesehenen Unterrichtungen sind spätestens 15 Monate nach dem letzten Tag des Berichtsgeschäftsjahrs bei der Steuerverwaltung von [Namen des umsetzenden Steuerhoheitsgebiets einfügen] einzureichen.

8.1.7. Die Steuerverwaltung von [Namen des umsetzenden Steuerhoheitsgebiets einfügen] kann die Informations-, Erklärungs- und Unterrichtungspflichten für die GloBE-Erklärung ändern, um sie an die Anforderungen des GloBE-Umsetzungsrahmens anzupassen (etwa im Rahmen der Festlegung vereinfachter Berichtsverfahren).

8.1.8. Die Rechtsvorschriften von [Namen des umsetzenden Steuerhoheitsgebiets einfügen] im Hinblick auf Strafen und sonstige nachteilige Rechtsfolgen sowie auf die Vertraulichkeit von eingereichten Erklärungen und in solchen Erklärungen enthaltenen Angaben gelten auch für die GloBE-Erklärung.

Artikel 8.2. Safe-Harbour-Regelungen

8.2.1. Bei Inanspruchnahme eines entsprechenden Wahlrechts durch die erklärungspflichtige Geschäftseinheit und ungeachtet von Kapitel 5 gilt die Ergänzungssteuer für ein Steuerhoheitsgebiet (das Safe-Harbour-Steuerhoheitsgebiet) für ein Geschäftsjahr als gleich null, wenn die in diesem Steuerhoheitsgebiet belegenen Geschäftseinheiten gemäß den im GloBE-Umsetzungsrahmen festgelegten und für dieses Geschäftsjahr anwendbaren Bedingungen eine GloBE-Safe-Harbour-Regelung nutzen können.

8.2.2. Ein nach Artikel 8.2.1 für ein Steuerhoheitsgebiet in Anspruch genommenes Wahlrecht gilt nicht in Fällen, in denen

a) [Namen des umsetzenden Steuerhoheitsgebiets einfügen] gemäß den GloBE-Vorschriften eine Ergänzungssteuer zugerechnet bekommen könnte, wenn der nach Kapitel 5 für das Safe-Harbour-Steuerhoheitsgebiet berechnete effektive Steuersatz unter dem Mindeststeuersatz liegt,

b) die Steuerverwaltung von [Namen des umsetzenden Steuerhoheitsgebiets einfügen] die steuerpflichtige(n) Geschäftseinheit(en) binnen 36 Monaten nach Einreichung der GloBE-Erklärung von besonderen Gegebenheiten und Umständen in Kenntnis setzt, die wesentliche Auswirkungen auf den Anspruch der in dem Safe-Harbour-Steuerhoheitsgebiet belegenen Geschäftseinheiten auf Nutzung der betreffenden Safe-Harbour-Regelung gehabt haben könnten, und die steuerpflichtige(n) Geschäftseinheit(en) auffordert, die Auswirkungen dieser Gegebenheiten und Umstände auf den Anspruch dieser Geschäftseinheiten auf Nutzung der Safe-Harbour-Regelung binnen sechs Monaten zu klären, und

c) die steuerpflichtige(n) Geschäftseinheit(en) innerhalb der vorgesehenen Frist nicht nachweisen kann (können), dass diese Gegebenheiten und Umstände keine wesentlichen Auswirkungen auf den Anspruch der Geschäftseinheiten auf Nutzung der betreffende Safe-Harbour-Regelung haben.

Artikel 8.3. Administrative Leitlinien

8.3.1. Die Steuerverwaltung von [Namen des umsetzenden Steuerhoheitsgebiets einfügen] wendet die GloBE-Vorschriften, vorbehaltlich innerstaatlicher Rechtsanforderungen, gemäß den vereinbarten administrativen Leitlinien an.

9 Übergangsregeln

Funktionsweise der Vorschriften in diesem Kapitel

In Kapitel 9 sind bestimmte Übergangsregeln festgelegt.

- Artikel 9.1 enthält die Übergangsregeln, die gelten, wenn eine multinationale Unternehmensgruppe erstmals in den Anwendungsbereich der GloBE-Vorschriften fällt.
- In Artikel 9.2 sind die geänderten Prozentsätze angegeben, die während einer Übergangsphase bei der Berechnung des substanzbasierten Freibetrags nach Artikel 5.3 anzuwenden sind.
- Artikel 9.3 sieht eine Befreiung von der UTPR für multinationale Unternehmensgruppen vor, die sich in der Anfangsphase ihrer internationalen Tätigkeit befinden.
- Artikel 9.4 sieht übergangsweise eine Erleichterung der Erklärungspflichten vor.

Artikel 9.1. Steuerattribute beim Übergang

9.1.1. Bei der Bestimmung des effektiven Steuersatzes eines Steuerhoheitsgebiets in einem Übergangsjahr sowie für jedes darauffolgende Jahr berücksichtigt die multinationale Unternehmensgruppe alle aktiven und passiven latenten Steuern, die für das Übergangsjahr in den Abschlüssen aller Geschäftseinheiten in dem Steuerhoheitsgebiet erfasst sind oder ausgewiesen wurden. Solche latenten Steueransprüche oder Steuerverbindlichkeiten müssen zum Mindeststeuersatz oder zum geltenden inländischen Steuersatz berücksichtigt werden, je nachdem welcher der beiden Sätze niedriger ist. Aktive latente Steuern, die zu einem unter dem Mindeststeuersatz liegenden Satz erfasst wurden, können zum Mindeststeuersatz berücksichtigt werden, wenn der Steuerpflichtige nachweisen kann, dass der betreffende latente Steueranspruch einem GloBE-Verlust zuzuschreiben ist. Für die Zwecke der Anwendung dieses Artikels werden die Auswirkungen etwaiger Wertberichtigungen und Ansatzanpassungen auf einen latenten Steueranspruch nicht berücksichtigt.

9.1.2. Latente Steueransprüche, die sich aus Posten ergeben, welche von der Berechnung des GloBE-Gewinns oder -Verlusts gemäß Kapitel 3 ausgenommen sind, müssen von der Berechnung nach Artikel 9.1.1 ausgenommen werden, wenn diese latenten Steueransprüche durch einen Geschäftsvorfall entstehen, der nach dem 30. November 2021 stattfindet.

9.1.3. Bei Übertragungen von Vermögenswerten zwischen Geschäftseinheiten, die nach dem 30. November 2021 und vor Beginn eines Übergangsjahrs stattfinden, beruht die Bemessungsgrundlage der erworbenen Vermögenswerte (außer Lagerbeständen) auf dem von der veräußernden Einheit ausgewiesenen Buchwert der übertragenen Vermögenswerte im Zeitpunkt der Veräußerung, wobei die in den Anwendungsbereich der GloBE-Vorschriften gebrachten aktiven und passiven latenten Steuern auf dieser Grundlage ermittelt werden.

Artikel 9.2. Übergangsweise Erleichterung beim substanzbasierten Freibetrag

9.2.1. Für die Zwecke der Anwendung von Artikel 5.3.3 wird der Wert von 5 % für jedes Geschäftsjahr, das in einem der folgenden Kalenderjahre beginnt, jeweils durch den in der nachstehenden Tabelle aufgeführten Wert ersetzt:

Geschäftsjahr beginnt im Jahr	Satz für Artikel 5.3.3
2023	10 %
2024	9,8 %
2025	9,6 %
2026	9,4 %
2027	9,2 %
2028	9,0 %
2029	8,2 %
2030	7,4 %
2031	6,6 %
2032	5,8 %

9.2.2. Für die Zwecke der Anwendung von Artikel 5.3.4 wird der Wert von 5 % für jedes Geschäftsjahr, das in einem der folgenden Kalenderjahre beginnt, jeweils durch den in der nachstehenden Tabelle aufgeführten Wert ersetzt:

Geschäftsjahr beginnt im Jahr	Satz für Artikel 5.3.4
2023	8,0 %
2024	7,8 %
2025	7,6 %
2026	7,4 %
2027	7,2 %
2028	7,0 %
2029	6,6 %
2030	6,2 %
2031	5,8 %
2032	5,4 %

Artikel 9.3. Befreiung multinationaler Unternehmensgruppen von der UTPR in der Anfangsphase ihrer internationalen Tätigkeit

9.3.1. Vorbehaltlich von Artikel 9.3.4 wird die Ergänzungssteuer, die ansonsten nach Artikel 2.5.1 zu berücksichtigen wäre, während der Anfangsphase der internationalen Tätigkeit einer multinationalen Unternehmensgruppe ungeachtet der ansonsten bestehenden Anforderungen von Kapitel 5 auf null gekürzt.

9.3.2. Im Sinne von Artikel 9.3 befindet sich eine multinationale Unternehmensgruppe in der Anfangsphase ihrer internationalen Tätigkeit, wenn in einem Geschäftsjahr Folgendes zutrifft:

a) Sie verfügt über Geschäftseinheiten in höchstens sechs Steuerhoheitsgebieten und

b) die Summe des Nettobuchwerts der materiellen Vermögenswerte aller in allen Steuerhoheitsgebieten außer dem Referenzsteuerhoheitsgebiet belegenen Geschäftseinheiten übersteigt nicht 50 Mio. EUR.

9.3.3. Im Sinne von Artikel 9.3.2 ist das Referenzsteuerhoheitsgebiet einer multinationalen Unternehmensgruppe das Steuerhoheitsgebiet, in dem die multinationale Unternehmensgruppe für das Geschäftsjahr, in dem sie erstmals in den Anwendungsbereich der GloBE-Regeln fällt, den höchsten Gesamtwert an materiellen Vermögenswerten ausweist. Der Gesamtwert der materiellen Vermögenswerte in einem Steuerhoheitsgebiet ist die Summe des Nettobuchwerts sämtlicher materieller Vermögenswerte sämtlicher in diesem Steuerhoheitsgebiet belegenen Geschäftseinheiten der multinationalen Unternehmensgruppe.

9.3.4. Artikel 9.3 findet nicht Anwendung auf Geschäftsjahre, die später als fünf Jahre nach dem ersten Tag des ersten Geschäftsjahrs beginnen, in dem die multinationale Unternehmensgruppe in den Anwendungsbereich der GloBE-Vorschriften gefallen ist. Für multinationale Unternehmensgruppen, die bei Inkrafttreten der GloBE-Vorschriften in deren Anwendungsbereich fallen, beginnt die Fünfjahresfrist mit dem Inkrafttreten der UTPR.

9.3.5. [*Optionale Bestimmung*] Ist [Namen des umsetzenden Steuerhoheitsgebiets einfügen] das Referenzsteuerhoheitsgebiet der multinationalen Unternehmensgruppe nach Artikel 9.3.3, dann wird Artikel 9.3.1 während der Anfangsphase der internationalen Tätigkeit der multinationalen Unternehmensgruppe nicht angewendet, wobei während dieser Anfangsphase Folgendes gilt:

a) [*Optionale Bestimmung*] Die für eine niedrig besteuerte Geschäftseinheit berechnete Ergänzungssteuer, die nach Artikel 2.5.1 zu berücksichtigen wäre, wird ungeachtet der ansonsten bestehenden Anforderungen von Kapitel 5 auf null gekürzt, wenn diese niedrig besteuerte Geschäftseinheit im Referenzsteuerhoheitsgebiet belegen ist, und

b) der UTPR-Prozentsatz der Steuerhoheitsgebiete, bei denen es sich nicht um das Referenzsteuerhoheitsgebiets handelt, wird als gleich null behandelt.

Artikel 9.4. Übergangsweise Erleichterung der Erklärungspflichten

9.4.1. Ungeachtet von Artikel 8.1.6 sind die GloBE-Erklärung bzw. die Unterrichtungen gemäß Artikel 8.1 spätestens 18 Monate nach dem letzten Tag des Berichtsgeschäftsjahrs, bei dem es sich um das Übergangsjahr handelt, bei der Steuerverwaltung von [Namen des umsetzenden Steuerhoheitsgebiets einfügen] einzureichen.

10 Begriffsbestimmungen

Funktionsweise der Vorschriften in diesem Kapitel

In Kapitel 10 sind Begriffe definiert, die an anderen Stellen in den GloBE-Vorschriften verwendet werden.

- Artikel 10.1 enthält Definitionen allgemeiner Begriffe, die in den GloBE-Vorschriften verwendet werden.
- Artikel 10.2 enthält Definitionen besonderer Begriffe in Bezug auf transparente Gesellschaften.
- Artikel 10.3 enthält Regeln für die Bestimmung der Belegenheit einer Einheit für die Zwecke der Anwendung der GloBE-Vorschriften.

Artikel 10.1. Begriffsbestimmungen

10.1.1. Die nachstehenden Begriffe sind wie folgt definiert:

Abgegrenzter Pensionsaufwand bedeutet die Differenz zwischen dem Betrag der im Jahresüberschuss oder -fehlbetrag berücksichtigten Aufwendungen für Pensionsverbindlichkeiten und den für das Geschäftsjahr geleisteten Beiträgen zu einem Pensionsfonds.

Abzugsfähige Dividende bedeutet in Bezug auf eine Geschäftseinheit, die einer Regelung für abzugsfähige Dividenden unterliegt,

a) eine Gewinnausschüttung an den Inhaber einer Beteiligung, die vom steuerpflichtigen Gewinn der Geschäftseinheit gemäß den Rechtsvorschriften des Steuerhoheitsgebiets ihrer Belegenheit abgezogen werden kann, oder

b) eine an ein Mitglied einer Genossenschaft ausgeschüttete Genossenschaftsdividende.

Altersvorsorge-Dienstleistungsgesellschaft bedeutet eine Einheit, die ausschließlich oder fast ausschließlich dazu errichtet wurde und betrieben wird,

a) für unter Buchstabe a der Definition des Begriffs „Pensionsfonds“ fallende Einheiten Gelder anzulegen oder

b) Tätigkeiten auszuüben, die die regulierten Tätigkeiten ergänzen, die von unter Buchstabe a der Definition des Begriffs „Pensionsfonds“ fallenden Einheiten ausgeübt werden, vorausgesetzt, diese Einheiten gehören derselben Gruppe an.

Anerkannte Anrechnungssteuer bedeutet eine von einer Geschäftseinheit zu entrichtende oder entrichtete erfasste Steuer, die dem wirtschaftlich Berechtigten einer von dieser Geschäftseinheit ausgeschütteten Dividende (oder, im Fall einer von einer Betriebsstätte zu entrichtenden oder entrichteten erfassten Steuer, einer vom Stammhaus ausgeschütteten Dividende) erstattet wird oder von diesem als Gutschrift angerechnet werden kann, soweit die Erstattung bzw. Gutschrift

a) von einem anderen Steuerhoheitsgebiet als dem Steuerhoheitsgebiet, das die erfassten Steuern erhoben hat, gemäß einer Regelung zur Anrechnung ausländischer Steuern gewährt wird,

b) einem wirtschaftlich Berechtigten der Dividende gewährt wird, der im Hinblick auf die Dividende nach dem innerstaatlichen Recht des Steuerhoheitsgebiets, das die erfassten Steuern bei der Geschäftseinheit erhoben hat, im Rahmen der laufenden Besteuerung einem nominalen Steuersatz unterliegt, welcher dem Mindestsatz entspricht oder diesen übersteigt,

c) einem wirtschaftlich Berechtigten der Dividende gewährt wird, der eine natürliche Person ist und in dem Steuerhoheitsgebiet steuerlich ansässig ist, das die erfassten Steuern bei der Geschäftseinheit erhoben hat, und der im Hinblick auf die Dividende als ordentlichem Einkommen der Besteuerung unterliegt, oder

d) einer staatlichen Einheit, einer internationalen Organisation, einer gebietsansässigen Organisation ohne Erwerbszweck, einem gebietsansässigen Pensionsfonds, einer gebietsansässigen Investmentgesellschaft, die keine Einheit der Gruppe ist, oder einer gebietsansässigen Lebensversicherungsgesellschaft gewährt wird, soweit die Dividende im Zusammenhang mit Pensionsfonds-Tätigkeiten bezogen wird und auf vergleichbare Weise besteuert wird wie eine von einem Pensionsfonds bezogene Dividende.

Im Sinne von Buchstabe d gelten eine Organisation ohne Erwerbszweck oder ein Pensionsfonds als in einem Steuerhoheitsgebiet ansässig, wenn sie in diesem Steuerhoheitsgebiet gegründet wurden und dort verwaltet werden, und gilt eine Investmentgesellschaft als in einem Steuerhoheitsgebiet ansässig, wenn sie in dem Steuerhoheitsgebiet gegründet wurde und dort den aufsichtsrechtlichen Bestimmungen unterliegt. Eine Lebensversicherungsgesellschaft gilt als in dem Steuerhoheitsgebiet ansässig, in dem sie belegen ist.

Anerkannte auszahlbare Steuergutschrift bedeutet eine auszahlbare Steuergutschrift, die so gestaltet ist, dass sie binnen vier Jahren ab dem Zeitpunkt, ab dem die Geschäftseinheit nach den Rechtsvorschriften des die Gutschrift gewährenden Steuerhoheitsgebiets die Bedingungen für die Auszahlung der Steuergutschrift erfüllt, in Barmitteln oder Barmitteläquivalenten auszuzahlen ist. Eine teilweise auszahlbare Steuergutschrift gilt als eine anerkannte auszahlbare Steuergutschrift, soweit sie binnen vier Jahren ab dem Zeitpunkt, ab dem die Geschäftseinheit nach den Rechtsvorschriften des die Gutschrift gewährenden Steuerhoheitsgebiets die Bedingungen für die Auszahlung der Steuergutschrift erfüllt, in Barmitteln oder Barmitteläquivalenten auszuzahlen ist. Eine anerkannte auszahlbare Steuergutschrift umfasst keine Steuerbeträge, die im Rahmen einer anerkannten Anrechnungssteuer oder einer nicht anerkannten erstattungsfähigen Anrechnungssteuer als Gutschrift angerechnet oder erstattet werden.

Anerkannte IIR (Anerkannte Income Inclusion Rule bzw. Primärergänzungssteuerregelung) bedeutet einen Katalog von Vorschriften, der den Artikeln 2.1 bis 2.3 der GloBE-Vorschriften (einschließlich aller mit diesen Artikeln zusammenhängenden Bestimmungen der GloBE-Vorschriften) entspricht und im innerstaatlichen Recht eines Steuerhoheitsgebiets enthalten ist und auf eine Weise umgesetzt und gehandhabt wird, die mit den nach den GloBE-Vorschriften und dem Kommentar vorgesehenen Ergebnissen im Einklang steht, vorausgesetzt, das betreffende Steuerhoheitsgebiet gewährt keine mit diesen Bestimmungen im Zusammenhang stehenden Vorteile.

Anerkannte nationale Mindestergänzungssteuer bedeutet eine Mindeststeuer, die im innerstaatlichen Recht eines Steuerhoheitsgebiets vorgesehen ist und

a) bei der der Übergewinn der in dem Steuerhoheitsgebiet belegenen Geschäftseinheiten (inländischer Übergewinn) auf eine Weise ermittelt wird, die den GloBE-Vorschriften entspricht,

b) die dazu dient, die inländische Steuerschuld in Bezug auf den inländischen Übergewinn für das Steuerhoheitsgebiet und die Geschäftseinheiten in einem Geschäftsjahr auf den Mindeststeuersatz anzuheben, und

c) die auf eine Weise umgesetzt und gehandhabt wird, die mit den nach den GloBE-Vorschriften und dem Kommentar vorgesehenen Ergebnissen im Einklang steht, vorausgesetzt, das betreffende Steuerhoheitsgebiet gewährt keine mit diesen Bestimmungen im Zusammenhang stehenden Vorteile.

Für eine anerkannte nationale Mindestergänzungssteuer kann der inländische Übergewinn auf der Grundlage eines vom befugten Rechnungslegungsorgan genehmigten anerkannten Rechnungslegungsstandards oder eines zugelassenen Rechnungslegungsstandards, der zur Vermeidung wesentlicher Wettbewerbsverzerrungen angepasst wurde, anstatt des im Konzernabschluss verwendeten Rechnungslegungsstandards berechnet werden.

Anerkannte Nebenerträge aus dem internationalen Seeverkehr ist in Artikel 3.3.3 definiert.

Anerkannte UTPR (anerkannte Undertaxed Profit Rule bzw. Sekundärergänzungssteuerregelung) bedeutet einen Katalog von Vorschriften, der den Artikeln 2.4 bis 2.6 der GloBE-Vorschriften (einschließlich aller mit diesen Artikeln zusammenhängenden Bestimmungen der GloBE-Vorschriften) entspricht und im innerstaatlichen Recht eines Steuerhoheitsgebiets enthalten ist und auf eine Weise umgesetzt und gehandhabt wird, die mit den nach den GloBE-Vorschriften und dem Kommentar vorgesehenen Ergebnissen im Einklang steht, vorausgesetzt, das betreffende Steuerhoheitsgebiet gewährt keine mit diesen Bestimmungen im Zusammenhang stehenden Vorteile.

Anerkannter Rechnungslegungsstandard bedeutet die Internationalen Rechnungslegungsstandards (IFRS) und die allgemein anerkannten Rechnungslegungsgrundsätze von Australien, Brasilien, den Mitgliedstaaten der Europäischen Union, den Mitgliedern des Europäischen Wirtschaftsraums, von Hongkong (China), Japan, Kanada, Mexiko, Neuseeland, der Republik Indien, der Republik Korea, Russland, der Schweiz, Singapur, dem Vereinigten Königreich, den Vereinigten Staaten von Amerika und der Volksrepublik China.

Angepasste erfasste Steuern ist in Artikel 4.1.1 definiert.

Angepasster Veräußerungsgewinn bedeutet in Bezug auf einen Gesamtveräußerungsgewinn, für den ein Wahlrecht nach Artikel 3.2.6 in Anspruch genommen wurde, einen dem Gesamtveräußerungsgewinn im Jahr der Inanspruchnahme des Wahlrechts entsprechenden Betrag, der um den Teil dieses Gewinns gekürzt wurde, der nach Artikel 3.2.6 Buchstabe b oder c gegebenenfalls mit dem Nettoveräußerungsverlust eines vorangegangenen Verlustjahrs verrechnet wurde.

Asymmetrische Wechselkursgewinne oder -verluste bedeutet Wechselkursgewinne oder -verluste einer Einheit, die unterschiedliche funktionale Währungen für die Rechnungslegung und für Steuerzwecke verwendet, und die

a) in die Berechnung des steuerpflichtigen Gewinns oder Verlusts einer Geschäftseinheit eingehen und auf Schwankungen des Wechselkurses zwischen der für die Rechnungslegung und der für Steuerzwecke verwendeten funktionalen Währung der Geschäftseinheit zurückzuführen sind,

b) in die Berechnung des Jahresüberschusses oder -fehlbetrags einer Geschäftseinheit eingehen und auf Schwankungen des Wechselkurses zwischen der für Steuerzwecke und der für die Rechnungslegung verwendeten funktionalen Währung der Geschäftseinheit zurückzuführen sind,

c) in die Berechnung des Jahresüberschusses oder -fehlbetrags einer Geschäftseinheit eingehen und auf Schwankungen des Wechselkurses zwischen einer Drittwährung und der funktionalen Währung für die Rechnungslegung der Geschäftseinheit zurückzuführen sind und

d) auf Schwankungen des Wechselkurses zwischen einer Drittwährung und der funktionalen Währung der Geschäftseinheit für Steuerzwecke zurückzuführen sind, unabhängig davon, ob die betreffenden Wechselkursgewinne oder -verluste im steuerpflichtigen Gewinn berücksichtigt sind.

Die funktionale Währung für Steuerzwecke ist die funktionale Währung, die zur Bestimmung des im Rahmen einer erfassten Steuer zu versteuernden Gewinns oder Verlusts der Geschäftseinheit im Steuerhoheitsgebiet ihrer Belegenheit verwendet wird. Die funktionale Währung für die Rechnungslegung ist die funktionale Währung, die für die Bestimmung des Jahresüberschusses oder -fehlbetrags der Geschäftseinheit verwendet wird. Eine Drittwährung ist eine Währung, die weder die funktionale Währung der Geschäftseinheit für Steuerzwecke noch für Rechnungslegungszwecke ist.

Ausgenommene Dividende bedeutet eine Dividende oder andere Ausschüttung, die aufgrund einer Beteiligung empfangen wurde oder zu empfangen ist, außer für

a) eine kurzfristige Portfoliobeteiligung und

b) eine Beteiligung an einer Investmentgesellschaft, für die ein Wahlrecht nach Artikel 7.6 in Anspruch genommen wurde.

Ausgenommener Eigenkapitalgewinn oder -verlust bedeutet den im Jahresüberschuss oder -fehlbetrag erfassten Gewinn oder Verlust der Geschäftseinheit, der sich aus Folgendem ergibt:

a) Gewinnen und Verlusten aufgrund von Veränderungen des beizulegenden Zeitwerts einer Beteiligung, mit Ausnahme einer Portfoliobeteiligung,

b) Gewinnen oder Verlusten in Bezug auf eine Beteiligung, die nach der Equity-Methode erfasst wird, und

c) Gewinnen und Verlusten aus der Veräußerung einer Beteiligung, mit Ausnahme der Veräußerung einer Portfoliobeteiligung.

Ausscheidende Geschäftseinheit bedeutet eine Geschäftseinheit, für die ein Wahlrecht gemäß Artikel 7.3.1 in Anspruch genommen wurde und die die multinationale Unternehmensgruppe verlässt oder im Wesentlichen alle ihre Vermögenswerte an eine Person überträgt, bei der es sich nicht um eine im selben Steuerhoheitsgebiet belegene Geschäftseinheit derselben multinationalen Unternehmensgruppe handelt.

Beauftragte erklärungspflichtige Einheit bedeutet die Geschäftseinheit (bei der es sich nicht um die oberste Muttergesellschaft handelt), die von der multinationalen Unternehmensgruppe damit beauftragt wurde, die GloBE-Erklärung im Namen der multinationalen Unternehmensgruppe einzureichen.

Beauftragte inländische Einheit bedeutet die Geschäftseinheit einer multinationalen Unternehmensgruppe, die in [Namen des umsetzenden Steuerhoheitsgebiets einfügen] belegen ist und von den anderen in [Namen des umsetzenden Steuerhoheitsgebiets einfügen] belegenen Geschäftseinheiten der multinationalen Unternehmensgruppe damit beauftragt wurde, die GloBE-Erklärung oder die Unterrichtungen nach Artikel 8.1.3 einzureichen.

Befugtes Rechnungslegungsorgan ist das Organ, das in einem Steuerhoheitsgebiet gesetzlich befugt ist, Rechnungslegungsstandards für die Finanzberichterstattung vorzuschreiben, aufzustellen oder anzuerkennen.

Berichtsgeschäftsjahr bedeutet das Geschäftsjahr, das Gegenstand der GloBE-Erklärung ist.

Berücksichtigungsfähige Beschäftigte bedeutet Beschäftigte, einschließlich Teilzeitkräfte, einer Geschäftseinheit, die einer multinationalen Unternehmensgruppe angehört, sowie unabhängige Auftragnehmer, die unter Leitung und Kontrolle der multinationalen Unternehmensgruppe an der regulären Geschäftstätigkeit der multinationalen Unternehmensgruppe mitwirken.

Berücksichtigungsfähige Lohnkosten bedeutet mit der Vergütung der Beschäftigten zusammenhängende Aufwendungen (wie Löhne, Gehälter und sonstige Aufwendungen, die für den Beschäftigten einen unmittelbaren und gesonderten persönlichen Nutzen haben, wie Krankenkassen- und Rentenbeiträge), lohn- und beschäftigungsbezogene Steuern und Abgaben sowie Arbeitgeberbeiträge zur Sozialversicherung.

Berücksichtigungsfähige materielle Vermögenswerte sind in Artikel 5.3.4 definiert.

Berücksichtigungsfähiges Ausschüttungssteuersystem bedeutet ein Körperschaftsteuersystem, das

a) eine Ertragsteuer beim Unternehmen vorsieht, die im Allgemeinen nur dann zu entrichten ist, wenn das Unternehmen Gewinne an die Gesellschafter ausschüttet, eine (fiktive) Gewinnausschüttung unterstellt wird oder wenn im Unternehmen bestimmte nicht geschäftsbezogene Aufwendungen anfallen,

b) eine Steuer in Höhe des Mindeststeuersatzes oder darüber vorsieht und

c) am oder vor dem 1. Juli 2021 in Kraft war.

Beschäftigtenzahl bedeutet in Bezug auf die Ermittlung des UTPR-Prozentsatzes die Gesamtzahl der Beschäftigten (in Vollzeitäquivalenten) aller im betreffenden Steuerhoheitsgebiet steuerlich ansässigen Geschäftseinheiten. Unabhängige Auftragnehmer, die an der regulären Geschäftstätigkeit der Geschäftseinheit mitwirken, werden dabei als Beschäftigte gezählt. Im Hinblick auf Betriebsstätten sind die Beschäftigten dem Steuerhoheitsgebiet zuzurechnen, in dem die Betriebsstätte belegen ist, sofern die Lohnkosten für diese Beschäftigten in dem nach Artikel 3.4.1 bestimmten und gemäß Artikel 3.4.2 angepassten eigenen Abschluss dieser Betriebsstätte erfasst sind. Die Zahl der dem Steuerhoheitsgebiet einer Betriebsstätte zugerechneten Beschäftigten wird nicht in der Beschäftigtenzahl des Steuerhoheitsgebiets des Stammhauses berücksichtigt.

Beteiligung bedeutet jeden Eigenkapitalanteil, der mit Ansprüchen auf die Gewinne, das Kapital oder die Rücklagen einer Einheit, einschließlich der Gewinne, des Kapitals oder der Rücklagen einer oder mehrerer Betriebsstätte(n) eines Stammhauses, verbunden ist.

Betriebsstätte bedeutet

a) eine in einem Steuerhoheitsgebiet befindliche Geschäftseinrichtung (einschließlich einer fiktiven Geschäftseinrichtung), die nach einem anwendbaren in Kraft befindlichen Doppelbesteuerungsabkommen als Betriebsstätte behandelt wird, vorausgesetzt, das betreffende Steuerhoheitsgebiet besteuert die der Betriebsstätte zuzurechnenden Gewinne gemäß einer Bestimmung, die Artikel 7 des OECD-Musterabkommens zur Vermeidung der Doppelbesteuerung vergleichbar ist,

b) falls kein anwendbares Doppelbesteuerungsabkommen in Kraft ist, eine Geschäftseinrichtung (einschließlich einer fiktiven Geschäftseinrichtung), aufgrund derer ein Steuerhoheitsgebiet die dieser Geschäftseinrichtung zuzurechnenden Gewinne nach seinem innerstaatlichen Recht auf Nettobasis in vergleichbarer Weise besteuert wie seine eigenen Steueransässigen,

c) falls es in einem Steuerhoheitsgebiet kein Körperschaftsteuersystem gibt, eine Geschäftseinrichtung (einschließlich einer fiktiven Geschäftseinrichtung), die sich in diesem Steuerhoheitsgebiet befindet und die gemäß dem OECD-Musterabkommen zur Vermeidung der Doppelbesteuerung als Betriebsstätte behandelt würde, vorausgesetzt, dieses Steuerhoheitsgebiet hätte gemäß Artikel 7 des Musterabkommens das Recht, die ihr zuzurechnenden Gewinne zu besteuern, oder

d) eine Geschäftseinrichtung (oder fiktive Geschäftseinrichtung), die nicht bereits unter den Buchstaben a bis c beschrieben ist, über die eine Einheit Tätigkeiten außerhalb des Steuerhoheitsgebiets ihrer Belegenheit ausübt, vorausgesetzt, die mit diesen Tätigkeiten erzielten Gewinne sind in diesem Steuerhoheitsgebiet von der Steuer befreit.

Der multinationalen Unternehmensgruppe zuzurechnende Anteil am GloBE-Gewinn der Investmentgesellschaft ist in Artikel 7.4.4 definiert.

Doppelbesteuerungsabkommen bedeutet eine Übereinkunft zur Vermeidung der Doppelbesteuerung auf dem Gebiet der Steuern vom Einkommen und vom Vermögen.

Durchschnittlicher GloBE-Gewinn oder -Verlust ist in Artikel 5.5.2 definiert.

Durchschnittlicher GloBE-Umsatzerlös ist in Artikel 5.5.2 definiert.

Effektiver Steuersatz ist in Artikel 5.1.1 definiert.

Einbeziehungsquotient der Muttergesellschaft ist in Artikel 2.2.2 definiert.

Eine Anpassung des effektiven Steuersatzes beinhaltender Artikel bedeutet Artikel 3.2.6, Artikel 4.4.4, Artikel 4.6.1, Artikel 4.6.4 und Artikel 7.3.

Einheit bedeutet:

a) jede Rechtsperson (die keine natürliche Person ist) oder

b) ein Rechtsgebilde, das einen eigenen Abschluss erstellt, beispielsweise eine Personengesellschaft oder ein Trust.

Einheit der Gruppe bedeutet in Bezug auf eine Einheit oder Unternehmensgruppe eine Einheit, die derselben Unternehmensgruppe angehört.

Erfasste Steuern ist in Artikel 4.2 definiert.

Ergänzungssteuer bedeutet die nach Artikel 5.2 für das Steuerhoheitsgebiet oder die Geschäftseinheit berechnete Ergänzungssteuer.

Ergänzungssteuer einer Joint-Venture-Gruppe bedeutet den der obersten Muttergesellschaft zuzurechnenden Anteil an der Ergänzungssteuer aller Mitglieder der Joint-Venture-Gruppe.

Ergänzungssteuersatz ist in Artikel 5.2.1 definiert.

Erklärungspflichtige Geschäftseinheit ist die Einheit, die die GloBE-Erklärung nach Artikel 8.1 abgibt.

Erträge aus dem internationalen Seeverkehr ist in Artikel 3.3.2 definiert.

Fehler aus der Vorperiode und Änderungen der Rechnungslegungsgrundsätze bedeutet alle Veränderungen des Eigenkapitalanfangssaldos zu Beginn des Geschäftsjahrs einer Geschäftseinheit, die auf Folgendes zurückzuführen sind:

a) die Berichtigung eines Fehlers bei der Bestimmung des Jahresüberschusses in einem früheren Geschäftsjahr, der sich auf die für die Berechnung des GloBE-Gewinns oder -Verlusts dieses Geschäftsjahrs heranzuziehenden Erträge oder Aufwendungen ausgewirkt hat, soweit diese Berichtigung nicht zu einer erheblichen Verringerung der Verbindlichkeiten aus erfassten Steuern führt, die unter Artikel 4.6 fällt, oder

b) eine Änderung eines Rechnungslegungsgrundsatzes oder einer Rechnungslegungsmethode, die sich auf die für die Berechnung des GloBE-Gewinns oder -Verlusts heranzuziehenden Erträge oder Aufwendungen auswirkt.

Freigestellte Einheit ist in den Artikeln 1.5.1 und 1.5.2 definiert.

Fremdvergleichsgrundsatz bedeutet den Grundsatz, demzufolge Geschäftsvorfälle zwischen Geschäftseinheiten unter Bezugnahme auf die Bedingungen erfasst werden müssen, die in vergleichbaren Geschäftsvorfällen unter vergleichbaren Umständen zwischen unabhängigen Unternehmen vereinbart worden wären.

Fünfjahreswahlrecht bedeutet ein von einer erklärungspflichtigen Geschäftseinheit in Bezug auf ein Geschäftsjahr (das Jahr der Inanspruchnahme) in Anspruch genommenes Wahlrecht, dessen Inanspruchnahme in Bezug auf das Jahr der Inanspruchnahme und die vier folgenden Geschäftsjahre nicht widerrufen werden kann. Wird die Inanspruchnahme eines Fünfjahreswahlrechts in Bezug auf ein Geschäftsjahr (das Jahr des Widerrufs) widerrufen, kann dieses Wahlrecht für die vier auf das Jahr des Widerrufs folgenden Geschäftsjahre nicht mehr in Anspruch genommen werden.

Genossenschaft bedeutet eine Einheit, die Waren oder Dienstleistungen im Namen ihrer Mitglieder zusammen vermarktet oder erwirbt und die im Steuerhoheitsgebiet ihrer Belegenheit einer Steuerregelung unterliegt, die steuerliche Neutralität in Bezug auf die Waren oder Dienstleistungen der Mitglieder, die über die Genossenschaft veräußert werden, sowie die Waren und Dienstleistungen, die von den Mitgliedern über die Genossenschaft erworben werden, gewährleisten soll.

Gesamtbetrag der Anpassung um latente Steuern ist in Artikel 4.4.1 definiert.

Gesamtbetrag der UTPR-Ergänzungssteuer bedeutet den Gesamtbetrag der im Rahmen der UTPR nach Artikel 2.4.1 zuzurechnenden Ergänzungssteuer.

Gesamtveräußerungsgewinn bedeutet in Bezug auf ein nach Artikel 3.2.6 in Anspruch genommenes Wahlrecht den im Jahr der Inanspruchnahme erzielten Nettogewinn aus den Veräußerungen inländischer materieller Vermögenswerte sämtlicher im Steuerhoheitsgebiet belegener Geschäftseinheiten, ausgenommen den Gewinn oder Verlust aus der Übertragung von Vermögenswerten zwischen Mitgliedern der Unternehmensgruppe.

Geschäftseinheit ist in Artikel 1.3.1 definiert.

Geschäftsjahr bedeutet den Rechnungslegungszeitraum, für den die oberste Muttergesellschaft der multinationalen Unternehmensgruppe ihren Konzernabschluss aufstellt. Im Fall eines Konzernabschlusses im Sinne von Buchstabe d der Konzernabschlussdefinition bedeutet Geschäftsjahr das Kalenderjahr.

GloBE-Erklärung bedeutet die gemäß dem GloBE-Umsetzungsrahmen zu erstellende standardisierte Erklärung, die die in Artikel 8.1.4 beschriebenen Informationen enthält.

GloBE-Gewinn aller Geschäftseinheiten ist in Artikel 5.1.2 Buchstabe a definiert.

GloBE-Gewinn oder -Verlust einer Geschäftseinheit ist in Artikel 3.1.1 definiert.

GloBE-Nettogewinn eines Steuerhoheitsgebiets ist in Artikel 5.1.2 definiert.

GloBE-Nettoverlust eines Steuerhoheitsgebiets ist der Null- bzw. Negativbetrag, sofern sich ein solcher ergibt, der nach folgender Formel berechnet wird:

$$\textit{GloBE-Nettoverlust} = \textit{GloBE-Gewinn aller Geschäftseinheiten} - \textit{GloBE-Verlust aller Geschäftseinheiten}$$

wobei

a) es sich beim GloBE-Gewinn aller Geschäftseinheiten um die Summe der gemäß Kapitel 3 ermittelten GloBE-Gewinne aller im Steuerhoheitsgebiet belegenen Geschäftseinheiten für das Geschäftsjahr und

b) beim GloBE-Verlust aller Geschäftseinheiten um die Summe der gemäß Kapitel 3 ermittelten GloBE-Verluste aller im Steuerhoheitsgebiet belegenen Geschäftseinheiten für das Geschäftsjahr handelt.

GloBE-Neuorganisation bedeutet eine Umwandlung oder eine Übertragung von Vermögenswerten und Verbindlichkeiten, beispielsweise im Rahmen einer Verschmelzung, Spaltung, Liquidation oder eines vergleichbaren Geschäftsvorfalls, bei der

a) die Gegenleistung für die Übertragung ganz oder zu einem erheblichen Teil in Kapitalanteilen besteht, die von der erwerbenden Geschäftseinheit oder von einer mit der erwerbenden Geschäftseinheit verbundenen Person ausgegeben werden, oder, im Fall einer Liquidation, in Anteilen am Kapital der Zieleinheit (oder, wenn keine Gegenleistung erbracht wird, bei der die Ausgabe von Kapitalanteilen keine wirtschaftliche Bedeutung hätte),

b) der Gewinn oder Verlust der veräußernden Geschäftseinheit aus diesen Vermögenswerten ganz oder teilweise nicht besteuert wird und

c) die erwerbende Geschäftseinheit nach den steuerrechtlichen Bestimmungen des Steuerhoheitsgebiets ihrer Belegenheit verpflichtet ist, den steuerpflichtigen Gewinn nach der Veräußerung oder dem Erwerb auf der Bemessungsgrundlage der Vermögenswerte der veräußernden Geschäftseinheit zu berechnen, angepasst um etwaige nicht qualifizierte Gewinne oder Verluste aus der Veräußerung oder dem Erwerb.

GloBE-Safe-Harbour-Regelung bedeutet die in Artikel 8.2.1 vorgesehene Ausnahme, die die Erfüllung der Vorschriften durch die multinationalen Unternehmen und ihre Handhabung durch die Steuerbehörden erleichtern soll. Die Bedingungen, unter denen die in einem Steuerhoheitsgebiet belegenen Geschäftseinheiten einer multinationalen Unternehmensgruppe die GloBE-Safe-Harbour-Regelung nutzen können, werden nach einem einheitlichen Verfahren festgelegt, das im Rahmen der Erarbeitung des GloBE-Umsetzungsrahmens durch das Inclusive Framework on BEPS vereinbart wird.

GloBE-Umsatzerlös ist in Artikel 5.5.3 Buchstabe a für die Zwecke von Artikel 5.5.2 definiert.

GloBE-Umsetzungsrahmen bedeutet die vom Inclusive Framework on Base Erosion and Profit Shifting zu erarbeitenden Verfahren für die Erarbeitung von Verwaltungsvorschriften, Leitlinien und Verfahren, die eine koordinierte Umsetzung der GloBE-Vorschriften erleichtern sollen.

GloBE-Verlust aller Geschäftseinheiten ist in Artikel 5.1.2 Buchstabe b definiert.

GloBE-Verlustwahlrecht ist in Artikel 4.5.1 definiert.

GloBE-Vorschriften bedeutet den vorliegenden vom Inclusive Framework on Base Erosion and Profit Shifting der OECD und der G20 ausgearbeiteten Regelkatalog.

Grundsätzlich unzulässige Aufwendungen bedeutet

a) Aufwendungen der Geschäftseinheit für illegale Zahlungen wie Schmier- oder Bestechungsgelder und

b) Aufwendungen der Geschäftseinheit für Geldbußen und Geldstrafen in Höhe von mindestens 50 000 EUR (oder einem entsprechenden Betrag in der funktionalen Währung, in der der Jahresüberschuss oder -fehlbetrag der Geschäftseinheit berechnet wurde).

Gruppeninterne Finanzierungsvereinbarung bedeutet eine Vereinbarung, die zwischen zwei oder mehr Mitgliedern der multinationalen Unternehmensgruppe getroffen wird und in deren Rahmen eine hoch besteuerte Gegenpartei einer niedrig besteuerten Einheit direkt oder indirekt Kredit gewährt oder anderweitig in eine niedrig besteuerte Einheit investiert.

Gruppenzugehöriger Beteiligter einer Geschäftseinheit bedeutet eine Geschäftseinheit, die direkt oder indirekt eine Beteiligung an einer anderen Geschäftseinheit derselben multinationalen Unternehmensgruppe hält.

Hinzurechnungen zu den erfassten Steuern ist in Artikel 4.1.2 definiert.

Hoch besteuerte Gegenpartei bedeutet eine Geschäftseinheit, die in einem Steuerhoheitsgebiet belegen ist, bei dem es sich nicht um ein Niedrigsteuerhoheitsgebiet handelt oder bei dem es sich nicht um ein Niedrigsteuerhoheitsgebiet handeln würde, wenn sein effektiver Steuersatz ohne Berücksichtigung etwaiger Erträge oder Aufwendungen dieser Geschäftseinheit aus einer gruppeninternen Finanzierungsvereinbarung ermittelt würde.

IFRS bedeutet die Internationalen Rechnungslegungsstandards (International Financial Reporting Standards].

IIR (Income Inclusion Rule bzw. Primärergänzungssteuerregelung – PER) bedeutet die in den Artikeln 2.1 bis 2.3 aufgeführten Vorschriften.

Immobilieninvestmentvehikel bedeutet eine Einheit, deren Erträge auf einer einzigen Ebene besteuert werden, und zwar entweder auf Ebene des Immobilieninvestmentvehikels selbst oder auf Ebene seiner Anteilseigner (mit einem Aufschub von höchstens einem Jahr), vorausgesetzt, diese Einheit hält überwiegend unbewegliches Vermögen und befindet sich in Streubesitz

In Minderheitseigentum stehende Geschäftseinheit bedeutet eine Geschäftseinheit, an der die oberste Muttergesellschaft eine direkte oder indirekte Beteiligung von höchstens 30 % hält.

In Minderheitseigentum stehende Muttergesellschaft bedeutet eine in Minderheitseigentum stehende Geschäftseinheit, die direkt oder indirekt die Kontrollbeteiligung an einer anderen in Minderheitseigentum stehenden Geschäftseinheit hält, es sei denn, eine andere in Minderheitseigentum stehende Geschäftseinheit hält direkt oder indirekt die Kontrollbeteiligung an der erstgenannten Geschäftseinheit.

In Minderheitseigentum stehende Tochtergesellschaft bedeutet eine in Minderheitseigentum stehende Geschäftseinheit, an der eine in Minderheitseigentum stehende Muttergesellschaft direkt oder indirekt die Kontrollbeteiligung hält.

In Minderheitseigentum stehende Untergruppe bedeutet eine in Minderheitseigentum stehende Muttergesellschaft und ihre in Minderheitseigentum stehenden Tochtergesellschaften.

In Teileigentum stehende Muttergesellschaft bedeutet eine Geschäftseinheit (bei der es sich nicht um eine oberste Muttergesellschaft, eine Betriebsstätte oder eine Investmentgesellschaft handelt),

a) die (direkt oder indirekt) eine Beteiligung an einer anderen Geschäftseinheit derselben multinationalen Unternehmensgruppe hält und

b) bei der mehr als 20 % der Beteiligungen, die Anspruch auf ihren Gewinn geben, direkt oder indirekt von Personen gehalten werden, die keine Geschäftseinheiten der multinationalen Unternehmensgruppe sind.

Inländische materielle Vermögenswerte bedeutet unbewegliches Vermögen, das im selben Steuerhoheitsgebiet belegen ist wie die Geschäftseinheit.

Internationale Organisation bedeutet eine zwischenstaatliche Organisation (einschließlich einer übernationalen Organisation) oder eine in deren Alleineigentum stehende Einrichtung oder Agentur, die sämtliche unter den nachfolgenden Buchstaben a bis c aufgeführte Kriterien erfüllt:

a) Ihre Mitglieder sind hauptsächlich Staaten,

b) sie hat mit dem Steuerhoheitsgebiet, in dem sie niedergelassen ist, ein Sitzabkommen oder im Wesentlichen ähnliches Abkommen geschlossen (beispielsweise eine Vereinbarung, die ihren Geschäftsstellen oder Einrichtungen in diesem Steuerhoheitsgebiet, wie etwa Unterorganisationen oder lokalen oder regionalen Geschäftsstellen, Vorrechte und Immunitäten verleiht) und

c) die geltenden Rechtsvorschriften oder die für die Organisation maßgeblichen Dokumente verhindern, dass ihre Einkünfte Privatpersonen zugutekommen.

Investmentfonds bedeutet eine Einheit, die alle unter den nachfolgenden Buchstaben a bis g aufgeführten Kriterien erfüllt:

a) Sie dient dazu, Vermögenswerte (finanzieller oder nichtfinanzieller Art) mehrerer (z. T. nicht verbundener) Anleger zu einem Pool zusammenzufassen,

b) sie investiert im Einklang mit einer festgelegten Anlagepolitik,

c) sie ermöglicht es Anlegern, ihre Transaktions-, Recherche- und Analysekosten zu senken oder Risiken gemeinsam zu streuen,

d) sie dient in erster Linie dazu, Erträge oder Gewinne aus Anlagen zu generieren oder Schutz vor einem besonderen oder allgemeinen Ereignis oder einer besonderen oder allgemeinen Entwicklung zu bieten,

e) die Anleger haben einen an ihren Beiträgen bemessenen Anspruch auf eine Rendite aus den Vermögenswerten des Fonds oder auf Erträge aus diesen Vermögenswerten,

f) die Einheit oder ihre Geschäftsleitung unterliegen in dem Steuerhoheitsgebiet, in dem sie errichtet wurde oder verwaltet wird, aufsichtsrechtlichen Bestimmungen (einschließlich geeigneter Bestimmungen für die Bekämpfung von Geldwäsche und den Anlegerschutz) und

g) sie wird im Namen der Anleger von professionellen Investmentfondsmanagern verwaltet.

Investmentgesellschaft bedeutet

a) einen Investmentfonds oder ein Immobilieninvestmentvehikel,

b) eine Einheit, die zu mindestens 95 % direkt oder über eine oder mehrere der unter Buchstabe a genannten Einheiten im Eigentum einer unter Buchstabe a genannten Einheit steht und die ausschließlich oder fast ausschließlich dazu dient, für diese Einheit(en) Vermögenswerte zu halten oder Gelder anzulegen, oder

c) eine Einheit, die zu mindestens 85 % ihres Werts im Eigentum einer unter Buchstabe a genannten Einheit steht, vorausgesetzt, im Wesentlichen alle Erträge der Einheit bestehen aus ausgenommenen Dividenden oder ausgenommenen Eigenkapitalgewinnen oder -verlusten, die nach Artikel 3.2.1 Buchstabe b oder c bei der Berechnung des GloBE-Gewinns oder -Verlusts ausgeklammert werden.

Jahr der Inanspruchnahme in Bezug auf ein jährliches Wahlrecht bedeutet das Jahr, für das das Wahlrecht in Anspruch genommen wird.

Jahresüberschuss oder -fehlbetrag ist in Artikel 3.1.2 definiert.

Jährliches Wahlrecht bedeutet ein Wahlrecht, das von einer erklärungspflichtigen Geschäftseinheit in Anspruch genommen werden kann und nur für das Geschäftsjahr gilt, für welches es in Anspruch genommen wird.

Joint Venture bedeutet eine Einheit, deren Finanzergebnisse nach der Equity-Methode im Konzernabschluss der obersten Muttergesellschaft erfasst werden, vorausgesetzt, die oberste Muttergesellschaft hält direkt oder indirekt eine Beteiligung von mindestens 50 % an ihr. Nicht als Joint Venture gilt

a) die oberste Muttergesellschaft einer multinationalen Unternehmensgruppe, die den GloBE-Vorschriften unterliegt,

b) eine freigestellte Einheit im Sinne von Artikel 1.5.1,

c) eine Einheit, an der die multinationale Unternehmensgruppe eine direkte Beteiligung über eine freigestellte Einheit im Sinne von Artikel 1.5.1 hält, und

   i. die ausschließlich oder fast ausschließlich dazu dient, für ihre Anleger Vermögenswerte zu halten oder Gelder anzulegen,

   ii. die Tätigkeiten ausübt, die die von der freigestellten Einheit ausgeübten Tätigkeiten ergänzen, oder

   iii. deren Erträge nach Artikel 3.2.1 Buchstabe b und c im Wesentlichen alle aus der Berechnung des GloBE-Gewinns oder -Verlusts ausgeklammert werden,

d) eine Einheit, die von einer multinationalen Unternehmensgruppe gehalten wird, die sich ausschließlich aus freigestellten Einheiten zusammensetzt, oder

e) eine Tochtergesellschaft eines Joint Ventures.

Joint-Venture-Gruppe bedeutet ein Joint Venture und seine Tochtergesellschaften.

Kommentar bedeutet den vom Inclusive Framework on Base Erosion and Profit Shifting der OECD und der G20 ausgearbeiteten Kommentar zu den GloBE-Vorschriften.

Konstruktion mit zweifacher Börsennotierung bedeutet eine Vereinbarung zwischen zwei oder mehr obersten Muttergesellschaften selbstständiger Unternehmensgruppen, in deren Rahmen

a) die obersten Muttergesellschaften vereinbaren, ihre Geschäftstätigkeit nur vertraglich zusammenzulegen,

b) die obersten Muttergesellschaften gemäß der vertraglichen Vereinbarung Ausschüttungen (von Dividenden und im Liquidationsfall) an ihre Gesellschafter nach einem im Voraus festgelegten Anteilsverhältnis vornehmen,

c) ihre Tätigkeiten gemäß der vertraglichen Vereinbarung als die einer einzigen wirtschaftlichen Einheit verwaltet werden, sie aber ihre eigene Rechtspersönlichkeit behalten,

d) die Beteiligungen an den obersten Muttergesellschaften, die die Vereinbarung eingegangen sind, unabhängig voneinander auf verschiedenen Kapitalmärkten notiert, gehandelt oder übertragen werden, und

e) die obersten Muttergesellschaften einen Konzernabschluss erstellen, in dem die Vermögenswerte, Verbindlichkeiten, Erträge, Aufwendungen und Cashflows aller Einheiten der Gruppen zusammen als die einer einzigen wirtschaftlichen Einheit dargestellt werden und der nach den aufsichtsrechtlichen Vorschriften einer externen Prüfung unterzogen werden muss.

Kontrollbeteiligung bedeutet eine Beteiligung an einer Einheit, die dazu führt, dass der Inhaber dieser Beteiligung

a) verpflichtet ist, die Vermögenswerte, Verbindlichkeiten, Erträge, Aufwendungen und Cashflows der Einheit nach einem anerkannten Rechnungslegungsstandard Posten für Posten in seinem Konzernabschluss zu konsolidieren, oder

b) verpflichtet gewesen wäre, die Vermögenswerte, Verbindlichkeiten, Erträge, Aufwendungen und Cashflows der Einheit Posten für Posten in seinem Konzernabschluss zu konsolidieren, wenn er einen solchen Abschluss erstellt hätte.

Bei einem Stammhaus wird unterstellt, dass es über die Kontrollbeteiligungen an seinen Betriebsstätten verfügt.

Konzernabschluss bedeutet

a) den von einer Einheit nach einem anerkannten Rechnungslegungsstandard erstellten Abschluss, in dem die Vermögenswerte, Verbindlichkeiten, Erträge, Aufwendungen und Cashflows dieser Einheit und aller Einheiten, an denen sie eine Kontrollbeteiligung hält, so dargestellt werden, als gehörten sie zu einer einzigen wirtschaftlichen Einheit,

b) wenn eine Einheit unter die Definition einer Unternehmensgruppe gemäß Artikel 1.2.3 fällt, den von dieser Einheit nach einem anerkannten Rechnungslegungsstandard erstellten Abschluss,

c) wenn die oberste Muttergesellschaft einen in Buchstabe a oder b beschriebenen Abschluss aufweist, der nicht nach einem anerkannten Rechnungslegungsstandard erstellt wurde, den erstellten Abschluss, sofern dieser zur Vermeidung wesentlicher Wettbewerbsverzerrungen angepasst wurde, und

d) wenn die oberste Muttergesellschaft keinen in den vorstehenden Absätzen beschriebenen Abschluss erstellt, den Abschluss, der erstellt worden wäre, wenn die oberste Muttergesellschaft verpflichtet gewesen wäre, einen solchen Abschluss nach einem zugelassenen Rechnungslegungsstandard zu erstellen, bei dem es sich entweder um einen anerkannten Rechnungslegungsstandard oder um einen anderen Rechnungslegungsstandard handelt, der zur Vermeidung wesentlicher Wettbewerbsverzerrungen angepasst wurde.

Kurzfristige Portfoliobeteiligung bedeutet eine Portfoliobeteiligung, die zum Zeitpunkt der Ausschüttung seit weniger als einem Jahr wirtschaftlich von der Geschäftseinheit gehalten wird, die die Dividende oder sonstige Ausschüttung empfängt oder verbucht.

Kürzungen der erfassten Steuern ist in Artikel 4.1.3 definiert.

Latenter GloBE-Verlust-Steueranspruch ist in Artikel 4.5 definiert.

Materielle Vermögenswerte bedeutet in Bezug auf die Ermittlung des UTPR-Prozentsatzes und auf Artikel 9.3 die materiellen Vermögenswerte aller Geschäftseinheiten, die im betreffenden Steuerhoheitsgebiet steuerlich ansässig sind. Materielle Vermögenswerte umfassen keine Barmittel oder Barmitteläquivalente, immateriellen Werte oder finanziellen Vermögenswerte. Im Hinblick auf Betriebsstätten sind die materiellen Vermögenswerte dem Steuerhoheitsgebiet zuzurechnen, in dem die Betriebsstätte belegen ist, sofern diese materiellen Vermögenswerte in dem nach Artikel 3.4.1 bestimmten und gemäß Artikel 3.4.2 angepassten eigenen Abschluss dieser Betriebsstätte erfasst sind. Die dem Steuerhoheitsgebiet einer Betriebsstätte zugerechneten materiellen Vermögenswerte dürfen nicht unter den materiellen Vermögenswerten des Steuerhoheitsgebiets des Stammhauses berücksichtigt werden.

Methode für steuerpflichtige Ausschüttungen ist in Artikel 7.6.2 definiert.

Mindeststeuersatz bedeutet fünfzehn Prozent (15 %).

Multinationale Unternehmensgruppe ist in Artikel 1.2.1 definiert.

Multinationale Unternehmensgruppe mit mehreren Muttergesellschaften bedeutet zwei oder mehr Gruppen,

a) deren oberste Muttergesellschaften eine Vereinbarung treffen, durch die eine Verbundstruktur oder eine Konstruktion mit zweifacher Börsennotierung entsteht, und

b) die zumindest eine Einheit oder eine Betriebsstätte umfassen, die in einem anderen Steuerhoheitsgebiet belegen ist als die anderen Einheiten der zusammengeschlossenen Gruppe.

Muttergesellschaft bedeutet eine oberste Muttergesellschaft, bei der es sich nicht um eine freigestellte Einheit, eine zwischengeschaltete Muttergesellschaft oder eine in Teileigentum stehende Muttergesellschaft handelt.

Nach der Neubewertungsmethode berücksichtigter Gewinn oder Verlust bedeutet den um etwaige an ihn geknüpfte erfasste Steuern erhöhten oder verringerten Nettogewinn oder -verlust für das Geschäftsjahr in Bezug auf alle Sachanlagen, der sich nach einer Rechnungslegungsmethode oder -praxis ergibt, bei der

a) der Buchwert dieser Sachanlagen regelmäßig an ihren beizulegenden Zeitwert angepasst wird,

b) die Wertänderungen im sonstigen Ergebnis erfasst werden und

c) die im sonstigen Ergebnis erfassten Gewinne oder Verluste anschließend in die Gewinn- und Verlustrechnung umgegliedert werden.

Nachversteuerte latente Steuerschuld ist in Artikel 4.4.4 definiert.

Nachversteuerungskonto für fiktive Ausschüttungen bedeutet ein gemäß Artikel 7.3.3 geführtes Konto.

Nettobuchwert der materiellen Vermögenswerte bedeutet den Durchschnitt des Anfangs- und Endwerts der materiellen Vermögenswerte nach Berücksichtigung der im Abschluss ausgewiesenen kumulierten Abschreibungen und substanzbedingten Wertminderungen.

Nettosteueraufwand bedeutet den Nettobetrag

a) aller als Aufwand abgegrenzter erfasster Steuern und aller im Ertragsteueraufwand berücksichtigten laufenden und latenten erfassten Steuern, einschließlich der erfassten Steuern auf von der Berechnung des GloBE-Gewinns oder -Verlusts ausgenommene Erträge,

b) aller latenten Steueransprüche, die auf einen Verlust im Geschäftsjahr zurückzuführen sind,

c) aller als Aufwand abgegrenzten anerkannten nationalen Mindestergänzungssteuern,

d) aller als Aufwand abgegrenzter nach den GloBE-Vorschriften erhobenen Steuern und

e) aller als Aufwand abgegrenzter nicht anerkannten erstattungsfähigen Anrechnungssteuern.

Nettoveräußerungsgewinn bedeutet in Bezug auf die Inanspruchnahme eines Wahlrechts nach Artikel 3.2.6 den Nettogewinn, den eine Geschäftseinheit in dem Steuerhoheitsgebiet, für das das Wahlrecht in Anspruch genommen wurde, aus der Veräußerung inländischer materieller Vermögenswerte erzielt, ausgenommen die Gewinne oder Verluste aus der Übertragung von Vermögenswerten an ein anderes Mitglied der Unternehmensgruppe.

Nettoveräußerungsverlust bedeutet in Bezug auf eine Geschäftseinheit und ein Geschäftsjahr den Nettoverlust aus der Veräußerung inländischer materieller Vermögenswerte durch die betreffende Geschäftseinheit in dem betreffenden Jahr, ausgenommen die Gewinne oder Verluste aus der Übertragung von Vermögenswerten an ein anderes Mitglied der Unternehmensgruppe. Die Höhe des Nettoveräußerungsverlusts wird um den Betrag des Nettoveräußerungsgewinns oder des angepassten Veräußerungsgewinns verringert, der gemäß Artikel 3.2.6 Buchstabe b oder c infolge einer zuvor erfolgten Inanspruchnahme des Wahlrechts nach Artikel 3.2.6 mit diesem Verlust verrechnet wird.

Nicht anerkannte Abgrenzung ist in Artikel 4.4.6 definiert.

Nicht anerkannte auszahlbare Steuergutschrift bedeutet eine Steuergutschrift, die keine anerkannte auszahlbare Steuergutschrift ist, aber ganz oder teilweise auszahlbar ist.

Nicht anerkannte erstattungsfähige Anrechnungssteuer bedeutet einen Steuerbetrag, bei dem es sich nicht um eine anerkannte Anrechnungssteuer handelt und der von einer Geschäftseinheit zu entrichten ist oder entrichtet wurde und der

a) dem wirtschaftlich Berechtigten einer von dieser Geschäftseinheit ausgeschütteten Dividende in Bezug auf diese Dividende erstattet werden kann oder von dem wirtschaftlich Berechtigten auf eine andere Steuerschuld als die Steuerschuld in Bezug auf diese Dividende angerechnet werden kann oder

b) der ausschüttenden Gesellschaft bei Ausschüttung einer Dividende erstattet werden kann.

Nicht ausgeschütteter GloBE-Nettogewinn ist in Artikel 7.6.3 definiert.

Nicht qualifizierte Gewinne oder Verluste bedeutet die im Zusammenhang mit einer GloBE-Neuorganisation entstehenden Gewinne oder Verluste der veräußernden Geschäftseinheit, die im Steuerhoheitsgebiet der Belegenheit der veräußernden Geschäftseinheit besteuert werden, oder die im Zusammenhang mit der GloBE-Neuorganisation entstehenden Gewinne oder Verluste für Rechnungslegungszwecke, je nachdem, welcher dieser beiden Beträge geringer ist.

Nicht nachzuversteuernde Abgrenzung ist in Artikel 4.4.5 definiert.

Niedrig besteuerte Einheit bedeutet eine Geschäftseinheit, die in einem Steuerhoheitsgebiet belegen ist, bei dem es sich um ein Niedrigsteuerhoheitsgebiet handelt oder bei dem es sich um ein Niedrigsteuerhoheitsgebiet handeln würde, wenn der effektive Steuersatz für das Steuerhoheitsgebiet ohne Berücksichtigung etwaiger Erträge oder Aufwendungen der Einheit aus einer gruppeninternen Finanzierungsvereinbarung ermittelt würde.

Niedrig besteuerte Geschäftseinheit bedeutet eine Geschäftseinheit der multinationalen Unternehmensgruppe, die in einem Niedrigsteuerhoheitsgebiet belegen ist oder die eine staatenlose Geschäftseinheit ist, die in einem Geschäftsjahr einen GloBE-Gewinn verzeichnet und in diesem Geschäftsjahr einem (nach Kapitel 5 ermittelten) effektiven Steuersatz unterliegt, der unter dem Mindeststeuersatz liegt.

Niedrigsteuerhoheitsgebiet bedeutet in Bezug auf eine multinationale Unternehmensgruppe in einem Geschäftsjahr ein Steuerhoheitsgebiet, in dem die multinationale Unternehmensgruppe einen GloBE-Nettogewinn verzeichnet und im betreffenden Zeitraum einem (nach Kapitel 5 ermittelten) effektiven Steuersatz unterliegt, der unter dem Mindeststeuersatz liegt.

Oberste Muttergesellschaft ist in Artikel 1.4 definiert.

OECD-Musterabkommen bedeutet OECD (2017), *Model Tax Convention on Income and on Capital: Condensed Version 2017*, OECD Publishing, Paris, https://doi.org/10.1787/mtc_cond-2017-en.

Organisation ohne Erwerbszweck bedeutet eine Einheit, die alle nachfolgenden Kriterien erfüllt:

a) Sie ist in ihrem Ansässigkeitsstaat niedergelassen und wird dort betrieben,
   i. und zwar ausschließlich für religiöse, gemeinnützige, wissenschaftliche, künstlerische, kulturelle, sportliche, erzieherische oder ähnliche Zwecke oder
   ii. als Berufsverband, Vereinigung von Geschäftsleuten, Handelskammer, Arbeitnehmerverband, Landwirtschafts- oder Gartenbauverband, Bürgervereinigung oder Organisation, die ausschließlich zur Wohlfahrtsförderung betrieben wird,
b) im Wesentlichen alle ihre Einkünfte aus den in Buchstabe a aufgeführten Tätigkeiten sind in ihrem Ansässigkeitsstaat von der Ertragsteuer befreit,
c) sie hat keine Gesellschafter oder Mitglieder, die Eigentums- oder Nutzungsrechte an ihren Einkünften oder Vermögenswerten haben,
d) die Einkünfte oder Vermögenswerte der Einheit dürfen nicht an eine Privatperson oder eine nicht gemeinnützige Einheit ausgeschüttet oder zu deren Gunsten verwendet werden, außer
   i. zur Ausübung der gemeinnützigen Tätigkeit der Einheit,
   ii. als Zahlung einer angemessenen Vergütung für erbrachte Leistungen oder für die Nutzung von Vermögen oder Kapital oder
   iii. als Zahlung in Höhe des Marktwerts eines von der Einheit erworbenen Vermögensgegenstands und

e) bei Einstellung der Tätigkeit, Abwicklung oder Auflösung der Einheit müssen alle ihre Vermögenswerte an eine Organisation ohne Erwerbszweck oder die öffentliche Hand (einschließlich staatlicher Einheiten) des Steuerhoheitsgebiets der Ansässigkeit der Einheit oder seiner Gebietskörperschaften ausgeschüttet oder übertragen werden,

dies umfasst jedoch keine Einheit, die eine gewerbliche oder geschäftliche Tätigkeit ausübt, die nicht unmittelbar mit den Zwecken zusammenhängt, für die sie errichtet wurde.

Passive Einkünfte bedeutet folgende im GloBE-Gewinn berücksichtigte Erträge:

a) Dividenden oder dividendenähnliche Erträge,

b) Zinsen oder zinsähnliche Erträge,

c) Mieten,

d) Lizenzgebühren,

e) Annuitäten oder

f) Nettogewinne aus Vermögen, das unter den Buchstaben a bis e genannte Erträge einbringt,

aber nur soweit der gruppenzugehörige Beteiligte der Geschäftseinheit aufgrund einer Steuerregelung für beherrschte ausländische Unternehmen oder aufgrund einer Beteiligung an einer hybriden Gesellschaft auf diese Gewinne steuerpflichtig ist.

Pensionsfonds bedeutet

a) eine in einem Steuerhoheitsgebiet errichtete und betriebene Einheit, die ausschließlich oder fast ausschließlich dazu dient, für natürliche Personen Altersversorgungsleistungen und Zusatz- oder Nebenleistungen zu verwalten oder zu erbringen, und

  i. die als solche der Aufsicht durch dieses Steuerhoheitsgebiet oder eine seiner Gebietskörperschaften untersteht, oder

  ii. deren Leistungen durch die nationalen Rechtsvorschriften gesichert oder anderweitig geschützt sind und aus einem Pool von Vermögenswerten finanziert werden, die von einer Treuhandschaft oder einem Treugeber gehalten werden, um die Erfüllung der entsprechenden Rentenansprüche im Fall einer Insolvenz der multinationalen Unternehmensgruppe zu sichern, sowie

b) eine Altersvorsorge-Dienstleistungsgesellschaft.

Portfoliobeteiligung bedeutet eine Beteiligung an einer Einheit, die von einer multinationalen Unternehmensgruppe gehalten wird und im Zeitpunkt der Ausschüttung oder der Veräußerung Anspruch auf weniger als 10 % der Gewinne, des Kapitals, der Rücklagen oder der Stimmrechte dieser Einheit gewährt.

Qualifizierte Vereinbarung zwischen den zuständigen Behörden bedeutet eine zwei- oder mehrseitige Vereinbarung oder Übereinkunft zwischen den zuständigen Behörden, die einen automatischen Austausch der jährlichen GloBE-Erklärungen vorsieht.

Quotient für die Nachversteuerung im Veräußerungsfall ist in Artikel 7.3.8 definiert.

Referenzsteuerhoheitsgebiet ist in Artikel 9.3.3 definiert.

Regelung für abzugsfähige Dividenden bedeutet eine Steuerregelung, die zu einer Besteuerung einzig auf Ebene der Beteiligten einer Einheit führt, indem der an die Beteiligten ausgeschüttete Gewinn vom

Gewinn der Einheit abgezogen wird. Genossenschaftsdividenden werden in diesem Sinne als Ausschüttungen an die Genossenschafter behandelt. Eine Regelung für abzugsfähige Dividenden schließt auch auf Genossenschaften anwendbare Regelungen ein, die eine Genossenschaft von der Besteuerung befreien.

Rückbetrachtungszeitraum bedeutet in Bezug auf ein Wahlrecht nach Artikel 3.2.6 das Jahr der Inanspruchnahme des Wahlrechts und die vier vorangegangenen Geschäftsjahre.

Sonstiges Ergebnis bedeutet Ertrags- und Aufwandsposten, die gemäß dem für die Erstellung des Konzernabschlusses verwendeten zugelassenen Rechnungslegungsstandard nicht in der Gewinn- und Verlustrechnung ausgewiesen werden dürfen oder müssen. Das sonstige Ergebnis wird im Allgemeinen in der Vermögensrechnung (Bilanz) als Veränderung des Eigenkapitals erfasst.

Staat bedeutet die zentrale staatliche Ebene sowie Stellen, deren Tätigkeiten ihrer tatsächlichen Kontrolle unterstehen, die nachgeordneten Gebietskörperschaften und ihre Verwaltungen.

Staatenlose Geschäftseinheit bedeutet eine in Artikel 10.3.2 Buchstabe b und Artikel 10.3.3 Buchstabe d beschriebene Geschäftseinheit.

Staatliche Einheit bezeichnet eine Einheit, die alle unter den nachfolgenden Buchstaben a bis d aufgeführten Kriterien erfüllt:

a) Sie ist Teil eines Staats oder befindet sich im Alleineigentum eines Staats (einschließlich dessen nachgeordneter Organe oder Gebietskörperschaften),

b) ihr Hauptzweck besteht darin,

   i. eine staatliche Funktion zu erfüllen oder

   ii. die Vermögenswerte eines Staats oder Steuerhoheitsgebiets durch das Tätigen und Halten von Anlagen, durch Vermögensverwaltung und durch ähnliche Investmenttätigkeiten im Hinblick auf die Vermögenswerte des Staats oder Steuerhoheitsgebiets zu verwalten oder zu investieren,

und sie übt keine gewerbliche oder geschäftliche Tätigkeit aus,

c) sie ist gegenüber dem Staat im Hinblick auf ihr Gesamtergebnis rechenschaftspflichtig und erstattet ihm jährlich Bericht und

d) ihre Vermögenswerte fallen bei ihrer Auflösung dem Staat zu, und soweit sie Nettoerträge ausschüttet, werden diese Nettoerträge allein an den Staat ausgeschüttet, ohne dass etwas davon einer Privatperson zugutekäme.

Stammhaus bedeutet in Bezug auf eine Betriebsstätte die Einheit, die den Jahresüberschuss oder -fehlbetrag der Betriebsstätte in ihrem Jahresabschluss erfasst.

Steuer auf fiktive Ausschüttungen ist in Artikel 7.3.2 definiert.

Steuerhoheitsgebiet der obersten Muttergesellschaft bedeutet das Steuerhoheitsgebiet, in dem die oberste Muttergesellschaft belegen ist.

Steuern bedeutet Pflichtzahlungen an den Staat ohne Gegenleistung.

Steuerpflichtige Geschäftseinheit(en) bedeutet eine (oder mehrere) in [Namen des umsetzenden Steuerhoheitsgebiets einfügen] belegene Geschäftseinheit(en), die zur Entrichtung der Ergänzungssteuer verpflichtet sein könnte(n) oder einer Anpassung nach Kapitel 2 unterliegen könnte(n), wenn die GloBE-Safe-Harbour-Regelung in Artikel 8.2.1 nicht anwendbar wäre.

Steuerregelung für beherrschte ausländische Unternehmen (CFC-Steuerregelung) bedeutet einen Katalog von Steuervorschriften (der keine IIR ist), demzufolge ein direkter oder indirekter Gesellschafter einer ausländischen Einheit (des beherrschten ausländischen Unternehmens – *controlled foreign company* bzw. CFC) für seinen Anteil an einem Teil oder der Gesamtheit der von dieser ausländischen Einheit erzielten Gewinn einer laufenden Besteuerung unterliegt, und zwar unabhängig davon, ob dieser Gewinn auf laufender Basis an den Gesellschafter ausgeschüttet wird.

Substanzbasierter Freibetrag ist in Artikel 5.3 definiert.

Tochtergesellschaft eines Joint-Ventures bedeutet eine Einheit, deren Vermögenswerte, Verbindlichkeiten, Erträge, Aufwendungen und Cashflows nach einem anerkannten Rechnungslegungsstandard von einem Joint Venture konsolidiert werden (oder konsolidiert würden, wenn das Joint Venture verpflichtet wäre, diese Posten nach einem anerkannten Rechnungslegungsstandard zu konsolidieren). Eine Betriebsstätte, deren Stammhaus das Joint Venture oder eine Tochtergesellschaft eines Joint Ventures ist, wird wie eine gesonderte Tochtergesellschaft des Joint Ventures behandelt.

Übergangsjahr bedeutet für ein Steuerhoheitsgebiet das erste Geschäftsjahr, in dem die multinationale Unternehmensgruppe in Bezug auf dieses Steuerhoheitsgebiet in den Anwendungsbereich der GloBE-Vorschriften fällt.

Übergewinn ist in Artikel 5.2.2 definiert.

Unternehmensgruppe ist in den Artikeln 1.2.2 und 1.2.3 definiert.

Untersuchter Zeitraum ist in Artikel 7.6.5 definiert.

Untersuchtes Jahr ist in Artikel 7.6.5 definiert.

UTPR (Undertaxed Profit Rule bzw. Sekundärergänzungssteuerregelung) bedeutet die in den Artikeln 2.4 bis 2.6 aufgeführten Vorschriften.

UTPR-Ergänzungssteuerbetrag bedeutet den Betrag der Ergänzungssteuer, der einem UTPR-Steuerhoheitsgebiet nach der UTPR zugerechnet wird.

UTPR-Prozentsatz bedeutet den Anteil am Gesamtbetrag der UTPR-Ergänzungssteuer, der einem UTPR-Steuerhoheitsgebiet nach der in Artikel 2.6.1 beschriebenen Formel zugerechnet wird.

UTPR-Steuerhoheitsgebiet bedeutet ein Steuerhoheitsgebiet, in dem eine anerkannte UTPR in Kraft ist.

Verbundstruktur bedeutet eine Vereinbarung zwischen zwei oder mehr obersten Muttergesellschaften selbstständiger Unternehmensgruppen, die Folgendes vorsieht:

a) Mindestens 50 % der Beteiligungen an den obersten Muttergesellschaften der selbstständigen Gruppen sind aufgrund der Rechtsform, von Übertragungsbeschränkungen oder anderen Bedingungen miteinander verbunden und können nicht unabhängig voneinander übertragen oder gehandelt werden. Im Fall einer Börsennotierung der verbundenen Beteiligungen werden diese zu einem einzigen Preis notiert.

b) Eine der obersten Muttergesellschaften erstellt einen Konzernabschluss, in dem die Vermögenswerte, Verbindlichkeiten, Erträge, Aufwendungen und Cashflows aller Einheiten der Gruppen zusammen als die einer einzigen wirtschaftlichen Einheit dargestellt werden und der nach den aufsichtsrechtlichen Vorschriften einer externen Prüfung unterzogen werden muss.

Vereinbarte administrative Leitlinien bedeutet die vom Inclusive Framework aufgestellten Leitlinien für die Auslegung oder Handhabung der GloBE-Vorschriften.

Verlustjahr bedeutet in Bezug auf ein Steuerhoheitsgebiet, für das die erklärungspflichtige Geschäftseinheit ein Wahlrecht nach Artikel 3.2.6 in Anspruch genommen hat, ein Geschäftsjahr im Rückbetrachtungszeitraum, in dem eine in diesem Steuerhoheitsgebiet belegene Geschäftseinheit einen Nettoveräußerungsverlust verzeichnet und der Gesamtbetrag der Nettoveräußerungsverluste sämtlicher in diesem Steuerhoheitsgebiet belegener Geschäftseinheiten den Gesamtbetrag ihrer Nettoveräußerungsgewinne übersteigt.

Versicherungsinvestmentgesellschaft bedeutet eine Einheit, die unter die Definition eines Investmentfonds oder eines Immobilieninvestmentvehikels fallen würde, mit dem Unterschied, dass sie im Zusammenhang mit Verbindlichkeiten im Rahmen eines Versicherungs- oder Rentenversicherungsvertrags errichtet wurde und im Alleineigentum einer Einheit steht, die als Versicherungsgesellschaft den aufsichtsrechtlichen Bestimmungen des Steuerhoheitsgebiets ihrer Belegenheit unterliegt.

Wesentliche Wettbewerbsverzerrung bedeutet in Bezug auf die Anwendung eines bestimmten Grundsatzes oder Verfahrens im Rahmen eines Katalogs allgemein anerkannter Rechnungslegungsgrundsätze, dass die Anwendung des betreffenden Grundsatzes oder Verfahrens in einem Geschäftsjahr zu einer Gesamtabweichung von mehr als 75 Mio. EUR gegenüber dem Betrag führt, der sich bei Anwendung des entsprechenden IFRS-Grundsatzes oder -Verfahrens ergeben hätte. Führt die Anwendung eines bestimmten Grundsatzes oder Verfahrens zu einer wesentlichen Wettbewerbsverzerrung, so muss die buchmäßige Behandlung eines Postens oder Geschäftsvorfalls nach diesem Grundsatz oder Verfahren im Einklang mit den vereinbarten administrativen Leitlinien so angepasst werden, dass sie der Behandlung entspricht, die nach IFRS für diesen Posten oder Geschäftsvorfall vorgesehen ist.

Zugelassener Rechnungslegungsstandard bedeutet in Bezug auf eine Einheit einen Katalog allgemein anerkannter Rechnungslegungsgrundsätze, die von einem dazu befugten Rechnungslegungsorgan im Steuerhoheitsgebiet der Belegenheit der Einheit genehmigt wurden.

Zugerechneter Veräußerungsgewinn bedeutet in Bezug auf die Inanspruchnahme eines Wahlrechts nach Artikel 3.2.6 den angepassten Veräußerungsgewinn, der nach Artikel 3.2.6 Buchstabe d einem im Rückbetrachtungszeitraum liegenden Geschäftsjahr zugerechnet wird.

Zusätzliche laufende Ergänzungssteuer bedeutet den nach Artikel 5.4 ermittelten Steuerbetrag sowie jeden Betrag, der wie eine nach Artikel 5.4 ermittelte zusätzliche laufende Ergänzungssteuer behandelt wird, wie beispielsweise der nach Artikel 4.1.5 oder Artikel 7.3 ermittelte Betrag.

Zusätzliches Kernkapital bedeutet ein von einer Geschäftseinheit gemäß den für den Bankensektor geltenden aufsichtsrechtlichen Anforderungen begebenes Instrument, das im Fall des Eintretens eines vorab festgelegten auslösenden Ereignisses in Eigenkapital umgewandelt oder abgeschrieben werden kann und das weitere Merkmale aufweist, die die Verlustdeckung im Fall einer Finanzkrise unterstützen sollen.

Zuzurechnender Anteil an der Ergänzungssteuer ist in Artikel 2.2.1 definiert.

Zwischengeschaltete Muttergesellschaft bedeutet eine Geschäftseinheit (bei der es sich nicht um eine oberste Muttergesellschaft, eine in Teileigentum stehende Muttergesellschaft, eine Betriebsstätte oder eine Investmentgesellschaft handelt), die direkt oder indirekt eine Beteiligung an einer anderen Geschäftseinheit derselben multinationalen Unternehmensgruppe hält.

Artikel 10.2. Definition der Begriffe transparente Gesellschaft, volltransparente Gesellschaft, halbtransparente Gesellschaft und hybride Gesellschaft

10.2.1. Eine Einheit gilt als **transparente Gesellschaft**, soweit sie in Bezug auf ihre Erträge, Aufwendungen, Gewinne oder Verluste im Steuerhoheitsgebiet ihrer Gründung steuerlich transparent ist, es sei denn, sie ist in einem anderen Steuerhoheitsgebiet steuerlich ansässig und unterliegt dort in Bezug auf ihre Erträge oder Gewinne einer erfassten Steuer.

a) Eine transparente Gesellschaft gilt in Bezug auf ihre Erträge, Aufwendungen, Gewinne oder Verluste als **volltransparente Gesellschaft**, soweit sie im Steuerhoheitsgebiet der Belegenheit ihres Beteiligten steuerlich transparent ist.

b) Eine transparente Gesellschaft gilt in Bezug auf ihre Erträge, Aufwendungen, Gewinne oder Verluste als **halbtransparente (oder umgekehrt hybride) Gesellschaft**, soweit sie im Steuerhoheitsgebiet der Belegenheit ihres Beteiligten nicht steuerlich transparent ist.

10.2.2. Eine Einheit wird nach dem Recht eines Steuerhoheitsgebiets als steuerlich transparent behandelt, wenn dieses Steuerhoheitsgebiet die Erträge, Aufwendungen, Gewinne oder Verluste dieser Einheit so behandelt, als seien sie dem direkten Beteiligten dieser Einheit proportional zu dessen Beteiligung an der Einheit entstanden.

10.2.3. Eine Beteiligung an einer Einheit oder einer Betriebsstätte, bei der es sich um eine Geschäftseinheit handelt, wird so behandelt, als würde sie über eine **volltransparente Struktur** gehalten, wenn diese Beteiligung indirekt über eine Kette von volltransparenten Gesellschaften gehalten wird.

10.2.4. Eine Geschäftseinheit, die nicht aufgrund des Orts ihrer Geschäftsleitung, ihres Gründungsorts oder vergleichbarer Kriterien steuerlich ansässig ist und einer erfassten Steuer oder einer anerkannten nationalen Mindestergänzungssteuer unterliegt, wird in Bezug auf ihre Erträge, Aufwendungen, Gewinne oder Verluste als transparente Gesellschaft und als volltransparente Gesellschaft behandelt, soweit

a) ihre Beteiligten in einem Steuerhoheitsgebiet belegen sind, das die Einheit als steuerlich transparent behandelt,

b) sie keine Geschäftseinrichtung im Steuerhoheitsgebiet ihrer Gründung hat und

c) die Erträge, Aufwendungen, Gewinne oder Verluste nicht einer Betriebsstätte zuzurechnen sind.

10.2.5. Eine Einheit, die für ertragsteuerliche Zwecke im Steuerhoheitsgebiet ihrer Belegenheit als eigenständige steuerpflichtige Person behandelt wird, gilt in Bezug auf ihre Erträge, Aufwendungen, Gewinne oder Verluste als **hybride Gesellschaft**, soweit sie im Steuerhoheitsgebiet der Belegenheit ihres Beteiligten steuerlich transparent ist.

Artikel 10.3. Belegenheit einer Einheit und einer Betriebsstätte

10.3.1. Die Belegenheit einer Einheit, bei der es sich nicht um eine transparente Gesellschaft handelt, wird wie folgt bestimmt:

a) Ist die Einheit aufgrund des Orts ihrer Geschäftsleitung, ihres Gründungsorts oder vergleichbarer Kriterien in einem Steuerhoheitsgebiet steuerlich ansässig, so gilt sie als in diesem Steuerhoheitsgebiet belegen;

b) andernfalls gilt sie als in dem Steuerhoheitsgebiet belegen, in dem sie gegründet wurde.

10.3.2. Die Belegenheit einer Einheit, bei der es sich um eine transparente Gesellschaft handelt, wird wie folgt bestimmt:

a) Ist die Einheit die oberste Muttergesellschaft der multinationalen Unternehmensgruppe oder ist sie verpflichtet, eine IIR gemäß Artikel 2.1 anzuwenden, so gilt sie als in dem Steuerhoheitsgebiet belegen, in dem sie gegründet wurde;

b) andernfalls wird sie als staatenlose Einheit behandelt.

10.3.3. Die Belegenheit einer Betriebsstätte wird wie folgt bestimmt:

a) Eine Betriebsstätte im Sinne von Artikel 10.1 Buchstabe a gilt als in dem Steuerhoheitsgebiet belegen, in dem sie als Betriebsstätte behandelt wird und nach dem anwendbaren in Kraft befindlichen Doppelbesteuerungsabkommen steuerpflichtig ist,

b) eine Betriebsstätte im Sinne von Artikel 10.1 Buchstabe b gilt als in dem Steuerhoheitsgebiet belegen, in dem sie aufgrund ihrer geschäftlichen Präsenz auf Nettobasis steuerpflichtig ist,

c) eine Betriebsstätte im Sinne von Artikel 10.1 Buchstabe c gilt als in dem Steuerhoheitsgebiet belegen, in dem sie sich befindet, und

d) eine Betriebsstätte im Sinne von Artikel 10.1 Buchstabe d gilt als staatenlose Betriebsstätte.

10.3.4. Ist eine Geschäftseinheit aufgrund von Artikel 10.3.1 in mehr als einem Steuerhoheitsgebiet belegen (Einheit mit zweifacher Belegenheit), so wird ihr Status für die Zwecke der GloBE-Vorschriften wie folgt bestimmt:

a) Wenn sie in zwei Steuerhoheitsgebieten belegen ist, zwischen denen ein anwendbares Doppelbesteuerungsabkommen in Kraft ist,

   i. gilt sie als in dem Steuerhoheitsgebiet belegen, in dem sie für die Zwecke des Doppelbesteuerungsabkommens als ansässig betrachtet wird,

   ii. sieht das Doppelbesteuerungsabkommen vor, dass sich die zuständigen Behörden darauf verständigen, wo die Geschäftseinheit als ansässig zu betrachten ist, und liegt keine entsprechende Vereinbarung vor, so findet Buchstabe b Anwendung,

   iii. sieht das Doppelbesteuerungsabkommen keine Steuererleichterung oder -befreiung vor, weil die Geschäftseinheit in beiden Vertragsparteien steuerlich ansässig ist, so findet Buchstabe b Anwendung.

b) Ist kein Doppelbesteuerungsabkommen anwendbar, so wird die Belegenheit der Geschäftseinheit wie folgt bestimmt:

i. Die Geschäftseinheit gilt als in dem Steuerhoheitsgebiet belegen, in dem sie den höheren Betrag an erfassten Steuern für das Geschäftsjahr entrichtet hat, wobei die gemäß einer Steuerregelung für beherrschte ausländische Unternehmen entrichteten Steuern unberücksichtigt bleiben;

ii. ist der entrichtete Betrag der erfassten Steuern in beiden Steuerhoheitsgebieten gleich hoch oder beläuft er sich auf null, so gilt sie als in dem Steuerhoheitsgebiet belegen, in dem der gemäß Artikel 5.3 auf Ebene der Geschäftseinheit berechnete substanzbasierte Freibetrag höher ist;

iii. ist der substanzbasierte Freibetrag in beiden Steuerhoheitsgebieten gleich hoch oder beläuft er sich auf null, so gilt die Geschäftseinheit als staatenlos, es sei denn, es handelt sich um die oberste Muttergesellschaft einer multinationalen Unternehmensgruppe; in diesem Fall gilt sie als in dem Steuerhoheitsgebiet belegen, in dem sie gegründet wurde.

10.3.5. Ist eine Einheit mit zweifacher Belegenheit, bei der es sich um eine Muttergesellschaft handelt, nach Artikel 10.3.4 in einem Steuerhoheitsgebiet belegen, in dem sie keiner anerkannten IIR unterliegt, so kann das andere Steuerhoheitsgebiet von dieser Einheit verlangen, dass sie dessen anerkannte IIR anwendet, sofern es nicht durch ein anwendbares in Kraft befindliches Doppelbesteuerungsabkommen daran gehindert wird.

10.3.6. Ändert sich die Belegenheit einer Einheit im Verlauf des Geschäftsjahrs, so gilt sie als in dem Steuerhoheitsgebiet belegen, in dem sie zu Beginn des Geschäftsjahrs belegen war.

www.ingramcontent.com/pod-product-compliance
Lightning Source LLC
LaVergne TN
LVHW082048051026
849532LV00011B/3531